Leipzig

Ostdeutschlands heimliche Hauptstadt.
Wer sie einmal … eder

Liebe Leserin, lieber Leser,

dies ist das zweite MERIAN-Heft über Leipzig seit der Wiedervereinigung. Acht Jahre liegt die letzte Ausgabe zurück, aber als Gast dieser Stadt kann man nur staunen: Es scheint, als seien Jahrzehnte vergangen. In rasantem Tempo wurden die alten Schönheiten der City restauriert, ganze Straßenzüge mit Glaspalästen aufgemöbelt, tote Flüsse wiederbelebt und aus unterirdischen Röhren ans Licht geholt. Leipzig ist wieder das lebhafte Klein-Paris aus Goethes Faust: Hier mischen sich Ost und West, Hoch- und Subkultur, Alt und Jung. Wer die Stadt besucht, entdeckt ihre Schönheit und zukunftsfrohe Selbstinszenierung – und kommt wieder.

Diese Sogwirkung spiegelt sich auch in dieser Ausgabe, die Heftredakteur Thomas Gebhardt kenntnisreich erarbeitet hat. Gebhardt, 41, zu DDR-Zeiten selbst in Leipzig ansässig, hat für MERIAN die Autoren Erich Loest, Judka Strittmatter, Juli Zeh und andere Literatinnen der Leipziger Szene verpflichtet, die – egal, ob es um den Hauptbahnhof geht oder die Südvorstadt – das Leipziger Lebensgefühl wunderbar eingefangen haben.

SECHS LEIPZIGER FRAUENBLICKE

Hinter Leipzig steht das Selbstbewusstsein des Muts und der Kraft von 1989. Und wenn die Leipziger des Vergangenen gedenken, sind sie bereits im Morgen. „Leipziger Freiheit" – der städtische Werbeslogan verspricht nicht zu viel. Überzeugen Sie sich selbst.

Viel Spaß beim Lesen.

Herzlich Ihr

Andreas Hallaschka
MERIAN-Chefredakteur

ELEFANTENDAME RHANI, 51 Jahre alt und die älteste Bewohnerin im Leipziger Zoo, posiert mit Tierpfleger Michael Tempelhoff (l.) und MERIAN-Redakteur Thomas Gebhardt (r.) Seite 100

DAS GEMÜSEBEET auf dem Dach war für Judka Strittmatter das schönste Detail ihrer Recherche zum Hauptbahnhof. Allerdings gab es das nur nach dem Krieg, im neuen „Hbf." ist alles zu kaufen Seite 86

EINE LEIDENSCHAFT haben Holger Witzel (l.) und Peter Hirth (r.) gemeinsam: die Leipziger Südvorstadt. Darum leben beide dort – der eine von Geburt an, der andere zog aus dem Norden zu Seite 110

>>> **Mehr MERIAN im Internet: www.merian.de**

www.mercedes-benz.de/vaneo 042.VA06 S&FB

INHALT

Leipzig

RUBRIKEN

SEITE 28

DIE MISCHUNG MACHT'S

Ostdeutschlands Metropole ist jung und alt, vereint Kunst und Kommerz, sucht Neues und beharrt auf Tradition

SEITE 32

BADESPASS IN BAGGERLÖCHERN

Neuseenland heißt die Sächsische Seenplatte aus 17 Gewässern, die südlich von Leipzig in alten Braunkohlegruben entsteht

MERIAN | Info >> SEITE 120

>> Titelthemen

SEITE 42

RAUCH, RINK & CO.

Die Schüler von Arno Rink bleiben dem Figürlichen treu. Mit Tafel- und Landschaftsbild feiern sie Triumphe

SEITE 62

LEIPZIGS HELDEN

Die Montagsdemonstrationen nahmen ihren Anfang in Leipzigs Nikolaikirche. Erich Loest erinnert an den 9. Oktober 1989

SEITE 76

SINGEN ZUR EHRE GOTTES

Der fast 800 Jahre alte Thomanerchor, den schon Johann Sebastian Bach leitete, studiert komplexe Meisterwerke ein

Leipziger Loft: Das alte Plagwitzer Buntgarnwerk ist heute Industriedenkmal und Luxusimmobilie

PLAGWITZ

Fabrik ist **chic**

Noch zur Wende war Plagwitz ein dampfender Industriestadtteil, von 800 Betrieben ökologisch und ästhetisch belastet. Heute zeigt der Stadtteil sein attraktives postindustrielles Gesicht. Rund um die Nonnenstraße sind 100-jährige Fabriken in luxuriöse Lofts, Büros oder Galerien verwandelt worden, am Karl-Heine-Kanal haben sich Cafés romantisch an die Ufer gekuschelt. Ein Schmuckkasten ist der Fabrikkomplex der ehemaligen Buntgarnwerke in der Nonnenstraße aus den Jahren 1879 bis 1888. Der Bau ist eines der größten Industriedenkmäler der deutschen Gründerzeit.

SPEZIALITÄT

Vogelfrei

Um 1750 schwärmte Leipzigs High-Society für gebackene Feldlerchen, die in den Auen zu Tausenden gefangen wurden. Erst 1876 verbot der König die Jagd, woraufhin Bäcker die Leipziger Lerche erfanden: ein absolut vogelfreies Gebäck aus Mürbeteig, Mandeln, Nüssen und Erdbeerkonfitüre, geziert von den Kreuzbändern, mit denen die echten Lerchen einst geschnürt wurden.

NATUR

Grüne **Lunge**

An den Ufern von Pleiße, Weißer Elster und Luppe zieht sich der Auenwald 2700 ha westlich am Zentrum entlang. Früher vom Braunkohleabbau bedroht, wird Leipzigs grüne Lunge nun geschützt und gepflegt. Dazu prägt der Wald auch die Leipziger Küche: Würziger Bärlauch gedeiht hier optimal.

LEIPZIG | FLOP

AUF KEINEN FALL SOLLTEN SIE ...

>> ...Geschäfte meiden, weil Sie fürchten, Sie könnten kein Sächsisch verstehen. Es erwartet Sie eine Mischung aus Herzlichkeit und der viel beschworenen sächsischen *Gemiedlischgeit*.

>> ...sich das grüne Leipzig entgehen lassen. Es beginnt im Clara-Zetkin-Park mitten in der Stadt und führt bis zum wild wuchernden Auenwald.

>> ... in jedem der vielen Antiquitäten-Läden ostdeutsche Schnäppchen vermuten. Die wahren alten Schätzchen finden sich oft neben Ramsch auf Floh- oder Antikmärkten.

LEIPZIG | TOP

UNBEDINGT SOLLTEN SIE ...

>> ... sich durch eine lange Leipziger Sommernacht treiben lassen – ohne Sperrstunde.

>> ...die verschiedenen Gesichter Leipzigs entdecken: die renovierten Industriebauten in Plagwitz, den alternativen Mikrokosmos in Connewitz, den Gründerzeitcharme im Waldstraßenviertel.

>> ... Zeit für Kunst und Kultur mitbringen. Das Angebot ist groß: Eine kreative Off-Kultur ergänzt Klassiker wie Gewandhaus oder Oper.

>> ... den monumentalen Hauptbahnhof besuchen: ein Gesamtkunstwerk aus faszinierender Architektur und modernem Einkaufszentrum.

Zum dritten Mal widmet MERIAN Leipzig eine Ausgabe. Das erste Heft erschien zu DDR-Zeiten im September 1977, das zweite sechs Jahre nach der Wende im März 1996

September 1977

März 1996

PUBLICIS
"ICH BIN EIN SÄCHSIST."

MUT UND MÜHE MIT LEIPZIGER ORIGINALEN

Wundersame **Wandlungen**

Aus Dächern wuchsen Bäume, die Fassaden bröckelten. Als die DDR am Ende war, standen in Leipzig 25 000 Wohnungen leer, unbewohnbar. Öffentliche Gebäude sahen kaum besser aus. So mancher Sanierungsplan erschien kühn oder unvorstellbar, doch der Wagemut wurde belohnt. Der Grauschleier über Leipzig hat sich verzogen. Zum Vorschein kommt mehr und mehr eine helle, freundliche Stadt

1990

1995

FABRIK NEU
Alte Formen und Details wurden akribisch wieder-aufgenommen. Die frühere Fabrik in der Jahnallee ist auch der Mode treu geblieben: Einst wurden hier Schürzen genäht, heute hat sich in dem Bau ein Mode-atelier etabliert

1994

1991

HAUS SEGEN
Das staatliche Wettbüro blieb bis zum Schluss in dieser Ruine am Dittrichring, die einem modernen Glasbau weichen sollte. Die Rekon-struktion der alten Sandsteinfassade ist schöner, und viel Glas ist auch zu sehen

1999

GRAU WEISS
Zu DDR-Zeiten mit westdeutschen Kirchenspenden in Schuss gehalten, hatte die Thomaskirche vergleichsweise geringe Schäden. Grau war sie dennoch. Zum 250. Todestag Bachs bekam sie einen neuen Anstrich

2003

1989

DACH REITER
Drinnen wurden Messinstrumente gefertigt, draußen mussten Passanten herabfallende Trümmer fürchten. Heute bekrönt ein Turm das total sanierte Haus in der Prager Straße

1998

BAU FÄLLIG
Im Barockstil erbaut, später verändert, kaum beschädigt im Krieg, dann aber über Jahrzehnte verfallen und zum Schluss wegen Einsturzgefahr gesperrt, wurde Barthels Hof dennoch mit großem Aufwand gerettet

1992

1996

Das Zentralstadion ist eine Arena von Weltniveau, leider sind die lokalen Kicker eher vierte Liga

GALERIE

Echte **Doubletten**

Wer Klimt mag oder Modigliani, aber gerade keine Million für ein Original übrig hat, sollte die „Fälschergalerie" von Ralf Munir besuchen. Künstler fertigen hier Nachbildungen berühmter Gemälde, zu mieten schon ab 15 Euro pro Monat. Eine in Öl gehauchte „Danae" von Klimt kostet ab 1227 Euro. Fälschergalerie, Neumarkt 29, Tel. 983 97 77, www.faelschergalerie.de

FUSSBALL

Amateure mit **Profistadion**

Wie ein Raumschiff ragt die futuristische Silhouette des Zentralstadions über der Festwiese auf. Für 90,6 Millionen Euro wurde die einst größte deutsche Arena umgebaut und ihr Fassungsvermögen auf 45 000 Zuschauer halbiert. In dem modernen Fußballpalast werden bei der WM 2006 vier Vorrundenspiele und ein Achtelfinale ausgetragen. Das Weltklasse-Stadion ist für die Leipziger Fußballer hingegen ein paar Nummern zu groß: Die herzlich verfeindeten Teams des FC Sachsen und VfB Leipzig verkörpern mit ihren langjährigen Auftritten in Amateurligen einmütig eher Kreisklasse

KULTUR

Frischer **Ostwind**

Die deutsch-russische Freundschaft der DDR trägt Früchte: Viele Leipziger Kreative kommen aus Russland oder dessen Nachbarstaaten. Sie stehen auf der Kabarettbühne wie der russische Regisseur und Schauspieler Küf Kaufmann und prägen die Bar-Landschaft wie Igor Mozak, der Besitzer des Cafés „Telegraph". Oder sie singen mit lasziver Leidenschaft – was niemand so gut kann wie Olga Lomenko aus der Ukraine, eine Diva mit beeindruckender Stimmgewalt

Olga Lomenko hält die rote Fahne hoch. Die Sängerin hat eine ganz eigene Art von Ostalgie kreiert: leidenschaftlich und lasziv

KRIEGSSPIELE

Jedes Jahr **wieder ein Sieg**

Alljährlich im Oktober wird Leipzig von Tausenden Soldaten in altertümlichen Uniformen besetzt. Traditionsvereine spielen die Gefechte der Leipziger Völkerschlacht von 1813 nach, bei der Napoleon vernichtend geschlagen wurde. Die Regimenter kommen wie damals aus zahlreichen europäischen Ländern wie Österreich und Russland. Tod und Terror wird auf den Wiesen im Leipziger Osten skuril inszeniert, die Realität: Biwak und Böller.

ZAHLENSPIEL

1
Stunde täglich schließt die Vergnügungsmeile Barfußgäßchen

2 bis 4
Flusskrebse köcheln im „Leipziger Allerlei" für vier Personen

5,70
Euro kostet ein Hexentrunk in „Auerbachs Keller"

16
Musiker und 16 Zuhörer hatte das Gewandhausorchester 1743 bei seinem ersten Konzert

60
Prozent Wohnungsleerstand: Höchstwert zwischen Neustädter Markt und Heilig-Kreuz-Kirche

160
Bäume im Leipziger Stadtgebiet und im Auenwald sind Naturdenkmäler

1675
Stunden im Jahr zeigt sich die Sonne freundlich

63 800
Einwohner weniger als 1990 verzeichnete Leipzig 2002

70 000
Leipziger demonstrierten am 9. Oktober 1989 für die Öffnung der DDR-Grenzen

178 808
Besucher bestiegen das Völkerschlachtdenkmal im Jahr 2002

"GIBT ES EINEN SCHÖNEREN
PLATZ AUF ERDEN?"
JA.
JA.
JA.
JA.
307 CC
www.peugeot307CC.de Infoline: 0 18 01 / 307 307 (aus dem Festnetz 0,06 €/Min)
Mit dem neuen PEUGEOT 307 CC sind die schönsten Plätze der Welt immer da, wo Sie sind. Dank des elektrisch betriebenen Stahldachs liegt die Entscheidung ganz bei Ihnen, ob Sie diesen vollwertigen Viersitzer als rassiges Coupé oder als elegantes Cabriolet erleben. Und das Beste ist, dass Sie all seine Schönheit ganz beruhigt genießen können – denn mit vier Sternen im Euro-NCAP-Crashtest ist er der Sicherste seiner Klasse. Mal ehrlich: Gibt es etwas Schöneres?
DER NEUE PEUGEOT 307 CC. MACHT DIE WELT SCHÖNER.
307cc
PEUGEOT

Foto: Bertram Kober

Über Jahre war Leipzig ein Ort der Baukräne. Altes wurde restauriert, Neues mit Gefühl implantiert: Blick auf das Neue Rathaus von 1905 vom Glasdach der Juridicum Passage am Petersbogen

Leipzig im Glück

Bunt, heiter und dem Neuen zugewandt. Leipzig ist eine der lebendigsten deutschen Städte. Ihre Besucher sind voller Staunen und kommen wieder

Die Mädlerpassage entstand nach dem Vorbild der Mailänder Galleria Vittorio Emanuele II. Bronzefiguren weisen den Weg ins Traditionslokal „Auerbachs Keller“, in dem schon Faust und Mephisto zechten

Die Passagen sind für den Handel die Bühne und für den Lustwandel der Laufsteg

Foto: Gerhard Westrich

Das neue Messegelände, entstand mit seinen lichten Bauten aus Stahl und Glas in der Rekordbauzeit von vier Jahren. 1996 hatten die Leipziger ihre mehr als 800-jährige Messe den neuen Zeitläuften angepasst

Foto: Peter Hirth

Die Stadt macht dem Markt den Hof und umgekehrt

Der Marktplatz vor dem Alten Rathaus ist Leipzigs gute Stube für viele Stadtfeste, Jahrmärkte und den Wochenmarkt

Das Neue Gewandhaus, Spielstätte des berühmten Gewandhausorchesters am Augustusplatz, ist so neu nicht mehr – es stammt von 1981. Der Mendebrunnen davor ist gut 100 Jahre älter

Bei Nacht strahlt das Gewandhaus hell, und Pegasus inspiriert die Dichter

Foto: Peter Mross

Das Maga Pon in der Gottschedstraße ist Szene-Kneipe und Waschsalon in einem. Wenn alle Trommeln rotieren, wird schon mal die Musik aufgedreht

Foto: Gerhard Westrich

An lauen Abenden im Sommer verwandelt sich das Barfußgäßchen zur Open-Air-Bühne der Kneipen und Restaurants. In Leipzig gibt es keine Sperrstunde

Der Waschsalon ist Kult und Leipzig ein Bermudadreieck

Foto: Andri Pol

Leipzigs Flüsse und Kanäle waren zu DDR-Zeiten nichts anderes als Kloaken. Heute kann man die Stadt vom Wasser aus entdecken, und auf dem Karl-Heine-Kanal fährt das kleine Ausflugsboot „Weltfrieden" hin und her

Der Kanal nimmt seinen Lauf
und der Kapitän Fahrt auf

Musik hat ihre Orte, und allerorten mischt sich die Szene

„Nationale Front" hieß in DDR-Tagen der Verbund aller Parteien und Massenorganisationen. Die Szene machte es sich einfacher: „naTo" nennt sie seit jeher den Musik-Treff in der Karl-Liebknecht-Straße

Der kleine Konzertsaal des Bosehauses, das das Johann-Sebastian-Bach-Museum beherbergt, hat eine winzige Empore. Wenn unten im Saal Bankette gegeben werden, spielt die Musik immer oben

Foto: Andri Pol

Diese Stadt erfrischt

Die Metropole Ostdeutschlands ist wunderschön, offenherzig und selbstbewusst. Aus dem Stolz, den Mut für '89 gehabt zu haben, beziehen die Leipziger bis heute ihre Tatkraft

Text: Björn Achenbach

Der Tag, an dem ich Leipzig lieben lernte, war voller Musik. Die Sonne lachte, auf dem Augustusplatz zwischen Oper und Gewandhaus campierten Touristen aus Übersee, auf einer Videowand wurde ein Konzert übertragen. Mitten im Sommer, mitten in Leipzig: die Johannespassion, live aus der Suntory Hall in Tokio. 9000 Kilometer entfernt, sieben Stunden Zeitunterschied.

Die ganze Stadt war Musik an diesem 28. Juli 2000. Von morgens bis mitternachts, in Kirchen, auf Plätzen, in der Luft – überall. Denn Leipzigs Superstar hatte Geburtstag. Die Welt feierte Johann Sebastian Bachs 250., und die schillerndste Party fand hier statt, wo er lange lebte, arbeitete und begraben liegt.

„24 hours Bach" hieß das Mammutprojekt, das seit dem frühen Morgen von Leipzig in mehr als 30 Länder ausgestrahlt wurde. An der frisch renovierten Thomaskirche hatte die TV-Crew ein Sendezentrum eingerichtet, wo der Produzent, ein Neu-Leipziger aus Bayern, von Ü-Wagen zu Ü-Wagen sprang. Nun war er herübergeeilt, um bei der Live-Schaltung dabeizusein. Wir gaben uns flüchtig die Hand. Er strahlte vor Glück. Ich ging zwei Becher Bier holen. „Prost! Auf Bach!"

Schon mein erster Weg in Leipzig hatte mich in die Thomaskirche geführt. 1987 war das, aber es war das Abhaken einer Sehenswürdigkeit, nicht mehr. Das Leipzig der späten Achtziger war mir einfach nur trostlos, das der frühen Neunziger vor allem verwirrend erschienen. „Grey in grey is our City", sangen düster die Garagenrocker von „Die Art", und Leipzigs legendäre Punkband der letzten DDR-Jahre hieß bezeichnenderweise „Wutanfall". Es war die Underground-Kultur einer verfallenden Stadt, die Leuten wie mir damals Identität stiftete.

Viel Gründerzeitarchitektur im Süden der Stadt, wie hier an der Ecke Karl-Liebknecht-Straße/Kochstraße

Als uns noch in den Wendetagen der Westen, der über den Osten gekommen war, zu bunt wurde, gründeten wir eine Zeitung und hängten überall in der Stadt Plakate auf. Sie zeigten das Gesicht eines hässlichen, alten Mannes, der böse die Zunge herausstreckte. Darüber stand: „Leipzig ist anders". Wie anders, das wussten wir selber nicht, aber wir wollten auf Teufel komm raus unsere Kräfte erproben. *Die Andere Zeitung* (DAZ) machte es nicht lange. Inzwischen werden an der Uni Hausarbeiten über sie geschrieben.

Das neue Leipzig ist von Grund auf anders als das alte. Die Stadt hat sich rasant verändert, verjüngt, ja teilweise neu erfunden – und es scheint so, als wolle sie noch lange nicht aufhören damit. Die Vorurteile sind trotzdem die alten geblieben. „Ist die Stadt nicht furchtbar grau und stinkig? Wirst du nicht angefeindet von den Ossis? Da gibt es doch überall Neonazis?" Juli Zeh, Absolventin des Leipziger Literaturinstituts, hat stellvertretend für viele Neu-Leipziger aufgeschrieben, was ihre West-Bekannten sie so fragen.

Die junge Schriftstellerin antwortet, indem sie Leipzig-Hymnen fürs überregionale Feuilleton schreibt. Und sie hat Recht: Nichts davon kann man so stehen lassen. Ja, es gibt sie schon noch, die graugesichtigen Schlechte-Laune-Rentner, die einen in der Straßenbahn anrempeln. Und manchmal nervt der Bratwurstgeruch, der sich bei den vielen Stadtfesten über den Marktplatz legt.

Aber hey, wie viel junges Blut wird jedes Herbstsemester neu in diese 500 000-Einwohner-Stadt gepumpt! Die Universität zählt 30 000 Studenten. Reichlich 5000 von ihnen kommen aus dem Westen, der Ausländeranteil liegt bei acht Prozent; die Kunsthochschulen im Musikviertel nicht mitgerechnet. Überhaupt ist das Leipzig von heute ein gut durchmischter Ost-West-Schmelztiegel, in dem sich die mittlere Generation wie selbstverständlich anschickt, die Macht zu übernehmen.

Ein klassisches Bürgertum gibt es nicht mehr, aber der Ruf einer Bürgerstadt, die ihre Geschicke seit jeher tatkräftig selber regelt, wirkt Wunder. Von einer „sich selbst erfüllenden Prophezeihung" spricht in diesem Zusammenhang Ralf Elsässer von der im Dezember 2003 gegründeten Stiftung „Bürger für Leipzig". Nicht zuletzt die kollektive Erfahrung der Wende spiele da mit hinein: „Man lebt in dem Bewusstsein, dass Leipzig diese Kraft gehabt hat", sagt Elsässer.

Das kann noch spannend werden. Denn Leipzig wird bis heute unterschätzt und hat gelernt, aus der gewohnten Außenseiterposition heraus Erfolge zu erzielen. So war es, als sich BMW im Sommer 2001 entschied, sein

Die moderne Juridicum Passage am Petersbogen zitiert historische Leipziger Vorbilder für überdachtes Einkaufen

Das Porsche-Kundenzentrum ist futuristische Landmarke und Präsentationsplattform für Luxuskarossen

neues Werk hier zu bauen, so lief es, als Leipzig am 12. April 2003 die nationale Olympia-Ausscheidung vor Hamburg, Düsseldorf, Frankfurt und Stuttgart gewann. Klar, dass der „Zwölfte Vierte" Lust auf mehr geweckt hat: „Unser Ehrgeiz geht über unsere Realität hinaus, ohne dass daraus Größenwahn wird", erklärt Kulturdezernent Georg Girardet. „Wir müssen immer eine Liga höher spielen wollen, als uns eigentlich gemäß ist."

Vorsorglich hat sich die Stadt eine gigantische Infrastruktur zugelegt: einen Flughafen mit Gleisanschluss, der seine Kapazität von 4,5 Millionen Fluggästen nicht mal zur Hälfte ausschöpft; ein hochmodernes Messegelände, zu groß für Leipzigs Messen, das aber im Zuge der Olympiabewerbung um zwei Hallen erweitert wird; demnächst sogar einen City-Tunnel vom Bayerischen Bahnhof zum Hauptbahnhof, in dem von 2009 an der S-Bahn- und Regionalverkehr gebündelt werden soll.

„Unser Ehrgeiz geht über unsere Realität hinaus, ohne dass daraus Größenwahn wird"

Die Investitionen beginnen sich langsam auszuzahlen: Nachdem Leipzigs Rolle als „Ost-West-Drehscheibe" jahrelang nur behauptet wurde, macht die Porsche AG seit August 2002 Ernst damit: Die Karosserien für den Geländewagen Cayenne kommen mit dem Zug aus Bratislava; die fertigen Autos werden größtenteils nach Nordamerika verschifft. Der „Diamant", das Porsche-Kundenzentrum in Ufo-Gestalt, leuchtet auf freiem Feld. In seinem Inneren sind selbst die Kaffeetassen der futuristischen Architektur nachempfunden.

Eine schöne neue Parallelwelt ist vor den Toren der Stadt entstanden, mit 370 Arbeitsplätzen und 20000 internationalen Gästen pro Jahr. Michael Schumacher und der Prinz von Thailand haben die Rennstrecke schon getestet. Dem gemeinen Leipziger bleibt solch exklusives Treiben verborgen. Er kann sich höchstens für 7,50 Euro durch das Werk führen lassen. Auch der Sportwagen Carrera GT wird in der Innenstadt nur selten gesichtet. Luxus und Leipzig – das passt bis auf weiteres nicht zusammen. Jobs, gut dotierte zumal, sind Mangelware, die Arbeitslosenquote ist die höchste der drei sächsischen Großstädte.

Die Qualitäten Leipzigs liegen woanders. Die Stadt ist ein richtig guter Ort zum Leben geworden – wegen des vitalen Mix' aus Hoch- und Subkultur, der geschäftigen Kneipenmeilen in City und Südvorstadt, des fast südländischen Flairs im Sommer. Aber auch in einem ganz lebenspraktischen Sinn: Das kleine, kompakte Stadtzentrum beherbergt alles, was der Mensch zum Leben braucht, und bedient in den noblen Passagen auch den gehobenen Geschmack. Die schönen und die notwendigen Wege des Alltags – hier kann man sie bequem zu Fuß zurücklegen. Und obendrein mittendrin wohnen.

„Westdeutsche, die einmal in Leipzig waren, werfen alte Klischees vom grauen Osten schnell über Bord", sagt Dirk Popp von ECC Kohtes Klewes. Die Kommunikationsberatungsfirma eröffnete im Herbst 2003 ein Büro in Leipzigs Media City und präsentierte zum Einstand eine Emnid-Umfrage. Der Besuch der Stadt, so ein Fazit, führe in der Regel zu einer „positiven Einstellungsänderung." Aus der Nähe betrachtet, erscheint der wilde Osten vielen Westlern plötzlich sexy. Sie spüren geradezu körperlich, wie diese Stadt sie erfrischt, ihr Leben, wenn sie es darauf anlegen, neu justiert.

Eine Art Mensch-ist-das-toll-hier-Effekt: Jeder Leipziger kann ihn bestätigen; er stellt sich gerade bei Gästen aus dem Westen gesetzmäßig ein. Es ist einfach so, Leipzig überrascht die Leute, haut sie um. Und das nicht nur wegen der vielen Gründerzeithäuser, der Parks und Kanäle. Der Hauptgrund sind die Menschen. Die Leipziger sind offenherzig, ja neugierig Besuchern gegenüber. Es ist leicht, Kontakte zu knüpfen. Weil noch immer so vieles im Fluss ist, mischen sich die Szenen. Das gilt für den Opernball ebenso wie für die ekstatisch tanzenden Massen in der Plagwitzer Tangofabrik.

Was daraus entsteht, liegt bei jedem selbst. Leipzig gibt den Rahmen, auf kleinem Raum zwischen den kulturellen Extremen hin und her zu pendeln. An einem Abend bei tschechischem Schwarzbier in der „naTo", der Mutter aller Szenekneipen, abzustürzen und sich tags darauf im Gewandhaus von Leipzigs neuem Maestro Riccardo Chailly verhexen zu lassen. Oder aber durch die Roboterstadt Bimbo Town des britischen Aktionskünstlers Jim Whiting zu streifen, wo herrenlose Jacken durch den Raum schweben und euphorisierte Besucher nackt in Badewannen tanzen.

Nie werde ich vergessen, wie eines Abends die schottischen Gitarrenpopper „Travis" unplugged vor vielleicht 30 Leuten im „Ilses Erika" spielten, drei Weltstars in Leipzigs feinstem Wohnzimmerclub am Connewitzer Kreuz. Sorry, aber dagegen ist ein Stadion-Konzert der Rolling Stones nur ein austauschbares Event. Small is beautiful – das gilt mehr denn je für ganz Leipzig, nicht nur für die Buchmesse oder das Olympia-Konzept.

Am Ende aber führen alle Wege zu Johann Sebastian Bach. Er wird auch dann noch gegenwärtig sein, wenn die Spiele 2012 längst Geschichte sind – ob mit oder ohne Leipzig. Das Bachfest boomt, seit die weltweite Fangemeinde die Stadt im Jahr 2000 wiederentdeckt hat. Bach und Leipzig: der Stadtname klingt in diesem Duett. □

Björn Achenbach, *geboren 1965, war Redakteur der* DAZ *und Pressesprecher des Gewandhauses. Seit 1995 ist er Chefredakteur des Leipziger Stadtmagazins* KREUZER.

In einem fruchtbaren Tal der Sierra Madre del Sur in 1500 Meter Höhe liegt die Stadt Oaxaca, Teil des Weltkulturerbes. Die Ursprünglichkeit der gesamten Region und ihrer Einwohner zeigt sich in den verschiedenen ethnischen Gruppierungen mit eigenen Kulturen und eigenen Dialekten. Wegen der archäologischen Ausgrabungsstätten, der architektonischen Schätze aus der Kolonialzeit und kunstvoll gefertigter Handarbeiten kam mal jemand auf die Idee, die gesamte Region zu überdachen und dann einfach nur Museum zu nennen. Kaum einer erinnert sich, wer diese Idee hatte, aber er lag sicher richtig damit. Wann wollen Sie Ihre kunden in Oaxaca staunen lassen?
Kostenlose Informationen unter Tel. 00800 11112266 oder unter www.visitmexico.com
MEXICO
Ein Land, tausend Welten.
Bei so schönen Häuserfassaden aus vergangenen Zeiten verstehe ich,
warum die Bewohner Oaxacas ihre Zeit so gern davor verbringen.
HÄUSERFASSADE IN OAXACA.

Die erste Erfrischungsadresse des Leipziger Sommers ist der Cospudener See, das „Herz von Neuseenland“. Zu erreichen in wenigen Minuten mit dem Auto

Costa

Text: Michael Kraske
Fotos: Peter Hirth

Südlich von Leipzig entsteht eine einzigartige Kunstlandschaft. W
schlug, wird sich bis 2060 ein riesiges Seengebiet erstrecken. De

ler Braunkohleabbau tiefe Wunden
Cospudener See ist schon da

Baggerloch nach der Flut: Beim kühlen Blonden im Wasser, auf Ostseesand im Binnenland oder als sächsischer Wikinger vergisst man, dass der Cospudener See, Urzelle der größten Landschaftsbaustelle Europas, ein Braunkohle-Tagebau war

Fünfzig Meter unter der Wasserob
Wald. In dem einstigen 250 Quadra

äche lebt eine Welt versunken fort. Kohlenflöze und ein ganzer
ilometer großen Braunkohlegebiet verschwanden 80 Dörfer

Hawaii so fern und doch so nah: Beim alljährlichen Drachenbootrennen geht es um Geselligkeit, den Spaß am kühlen Nass und erst dann um Sieg und Platz

Der Cospudener See ist das erste Fre
die Sächsische Seenplatte bilden –

eitgewässer von Neuseenland. 17 weitere werden bis 2060
veit größer als die Müritz, das mecklenburgische Binnenmeer

Die Sehnsucht nach dem Süden vergeht im weißen Sand. Die pralle Mittagssonne taucht ölglänzende Körper auf Badetüchern in ein grelles Licht, setzt die Bewegungen in Zeitlupe. Ein Strand mit Holzhütten und Stegen wie am Meer, darauf lesen, flirten und posieren Hunderte. Kinder schwimmen auf ein weißes Ausflugsschiff zu, die Pyramide des Vergnügungsparks Belantis gaukelt ferne Welten vor, nur das schmauchende Braunkohlekraftwerk Lippendorf bricht mit der Idylle, die aussieht, als habe die Ostsee zehn Kilometer südlich von Leipzig ein Geschwisterchen bekommen.

Sommer in Leipzig ist der Cospudener See. Und wenn Lokalreporter den angeschütteten Strand „Costa Cospuda“ nennen, dann beweist das nur, dass der Cospudener See für die Leipziger mehr ist als ein Baggerloch – wo viele nackt sind, weil hinter den künstlich angehäuften Dünen die Freizügigkeit der ostdeutschen FKK-Kultur weiterlebt. Wo DJs neben den Imbissbuden auflegen als Soundtrack für einen Tag am Meer, das zwar nur 4,4 Quadratkilometer groß ist, aber für Schwimmer, Taucher, Segler und Surfer uferlosen Spaß bietet. Der Cospudener See beweist: Landschaftliche Verstümmelung ist kosmetisch so zu korrigieren, dass aus tiefen Narben Schönheiten werden. Südlich von Leipzig spielt der Mensch Schöpfung und sühnt die Sünden des Braunkohletagebaus.

Die Förderung begann im 17. Jahrhundert; später wühlten sich riesige Förderbrücken durch Auenlandschaften und Dörfer, um mehr als drei Milliarden Tonnen Braunkohle aus dem Boden zu fressen und dabei 250 Quadratkilometer Erdreich abzugraben. Eine Fläche, auf der mehrere mittelgroße Städte Platz finden würden. In der DDR erreichte die Fördermenge südlich von Leipzig zehn Prozent der Weltproduktion an Braunkohle. Nach der Stilllegung der meisten Tagebauanlagen im Jahr 1990 wühlen sich die gefräßigen Stahlmonster nur noch vereinzelt durch die Landschaft. Zurück blieb vielfach Ödnis; lediglich Disteln und spärliches Gestrüpp wachsen zwischen Geröll und Abraum.

In dieser geschundenen Landschaft sollen 17 Seen entstehen, die meisten bis zum Jahr 2015, der letzte wird erst 2060 voll gelaufen sein. Wasserstraßen werden sie miteinander verbinden, dazwischen Pflanzungen von Eichen, Linden und Buchen ein neues Landschaftsbild zeichnen. Neuseenland haben die Planer das Projekt getauft. Seit 1990 sind bereits 1,3 Milliarden Euro in die Landschaftssanierung geflossen. 500 Millionen Euro wollen sich Bund und Land Sachsen die weiteren Schönheitsoperationen kosten lassen. Der Cospudener See ist schon heute die Verheißung, was einmal sein wird.

Schäumende Wellen rollen übers blaugrüne Wasser, die Boote am Zöbigker Hafen schlagen hektisch gegeneinander. Ein einsamer Surfer zieht in der Nähe des Südufers seine Bahn. Im Bootshaus sitzt Lutz Kamski, ein braun gebrannter Athlet, dem man ansieht, dass er von seinen 44 Lebensjahren die letzten am Wasser verbracht hat. Er erzählt von der unsichtbaren Welt des Cospudener Sees, der Welt von Hechten und Aalen. Der Tauchlehrer führt seine Schüler zu den im Wasser versunkenen Landschaften, zu Kohleflözen, die in 50 Metern Tiefe noch zu erkennen sind. „Vor kurzem habe ich im Cospudener See einen Wald entdeckt“, sagt Kamski. Er ist im Atlantik getaucht und im Roten Meer, aber der kleine Baggersee bei Leipzig bringt ihn zum Schwärmen, weil er eine permanente Entdeckungsreise ist: „Es wird Jahre dauern, um alles zu erkunden. Wo kann man schon unter Wasser einen Waldspaziergang machen?“ Dort, wo heute der Cospudener See mit Stränden und Seebrücke lockt, war 1990 noch ein riesiges Braunkohleloch. Drei Jahre später wurde damit begonnen, es zu fluten.

Wenige Kilometer östlich hat die gewaltige Umgestaltung am Markkleeberger See begonnen, der bis 2005 geflutet wird. An den steilen Böschungen kämpft sich Unkraut durch ein ödes Kiesbett. Durch einen schmalen Kanal fließt Wasser ein, um zeitgleich das Grundwasser eines noch betriebenen Tagebaus abzusenken. Zwei Meter steigt der Wasserspiegel pro Jahr, bis eine Tiefe von 50 Meter erreicht sein wird. Bagger karren klobige Betonteile durch den Kies, um das Fundament für eine Uferpromenade zu legen. Auf der anderen Seeseite steht eine alte, ausrangierte Förderbrücke.

Bernd-Stephan Tienz breitet auf der Kühlerhaube seines Geländewagens die Pläne für den Markkleeberger See aus. Tienz ist Planer bei der Lausitzer und Mitteldeutschen Bergbau-Verwaltungsgesellschaft (LMBV), die die Tagebaulöcher saniert. „Wir müssen die Ufer befestigen, weil sonst alles abrutscht. Der See bekommt Zu- und Abflüsse, dazu müssen Bäche integriert und Schleusen gebaut werden, denn die Seen haben unterschiedliche Wasserstände.“ Absichern, anpassen, befestigen: Tienz' Vortrag räumt auf mit der naiven Vorstellung, man müsse nur Wasser einlaufen lassen, und fertig ist die riesige Badewanne.

Es gehört weit mehr dazu, als nur Wasse
Erholungsseen zu verwandeln, werden 1,

Eine Landschaft, zwei Welten: Während im Tagebau Vereinigtes Schleenhain (unten) noch Braunkohle gefördert wird, baden im Cospudener See längst die Kinder und kühlen ihr Mütchen (oben)

einlaufen zu lassen. Um die Baggerlöcher in riesige
Milliarden Euro in die Sanierung der Landschaft investiert

Tief im Süden: Wenn ein Unwetter über Leipzig zieht, werden die Schiffe an der Costa Cospuda zum Spielball der Wellen

70 Millionen Kubikmeter Erdreich werden für die Sanierung des Tagebaus Espenhain, wie er früher hieß, bewegt. So viel wie für 70000 Mehrfamilienhäuser. Tienz fährt über die Steilküste und zeigt in die Tiefe. 20 Meter weiter unten ist der See, braun verfärbt vom hohen Säuregehalt, den nachfließendes Wasser noch absenken wird. „Da entsteht eine Kanustrecke, die olympischen Maßstäben entspricht", erklärt Tienz. Er steuert den Wagen am See vorbei, hält nach einigen Minuten an. Der Kiespfad fällt ab. Draußen herrscht Stille, so als spiegele sich die Trostlosigkeit des Ortes in einem akustischen Vakuum. Eine Wüste aus Steinen und Schotter räkelt sich bis zum Horizont. Im Jahr 2011 soll dieses ausgeschabte Land der Störmthaler See sein, einer der größten von Neuseenland – dieser Leipziger Seenplatte. Das seit kurzem flutende Wasser schimmert fern, wie die Quelle einer besseren Zeit.

Aus der Ferne betrachtet war die Förderbrücke nicht mehr als ein kleines Insekt: Fingergroß und wenig imposant. Noch während Tienz den Geländewagen unter das stählerne Ungetüm steuert, schrumpft der Mensch auf Insektengröße, verliert sich unter der hochhausgroßen Maschine, die für den Tagebau Espenhain 14 Ortschaften unterpflügte. Heute spült Wasser darüber hinweg.

Elisabeth Klabunde-Klenert sitzt nur wenige Kilometer entfernt in ihrem Arbeitszimmer und lässt mehr als 80 Dörfer als Dokumentation über ihren Computerbildschirm laufen. Schwarz-Weiß-Fotos von prächtigen Bürgerhäusern und stolzen Bauernhöfen verwandeln sich auf dem Bildschirm in schwarze Flecken auf der Landkarte. 24000 Menschen wurden seit Beginn des Braunkohleabbaus umgesiedelt. Die 53-jährige Kuratorin des Vereins „Verlorene Orte", der Bilder und Geschichten aus verschlungenen Dörfern zusammenträgt, musste selbst von Crostewitz nach Leipzig umziehen, als sie 20 Jahre alt war. Musste gehen, weil der Tagebau Espenhain kam.

Sie erinnert sich an das Geräusch der klirrenden Ketten der Fördermaschine, das sich wie ein Tinnitus Tag und Nacht in das Gehör fraß, an den penetranten Geruch, die zunehmend ölige Schicht auf den

Bächen. Aber sie erinnert sich auch an die Auen, in denen sie gespielt hat, an das alte Rittergut und die Wiesen, wo sie als Jugendliche Munition von der Völkerschlacht fand. Für immer verloren ist die alte Bühne im Park; dort war sie als Kind eine Prinzessin. „Je älter ich werde, umso mehr fehlen die Orte der Kindheit", sagt Klabunde-Klenert. Die Melancholie hat sich in ihrer Stimme fest eingerichtet: „Nach Ostpreußen kann man gehen, um die Orte seiner Kindheit zu sehen. Ich kann nicht zurück."

Die verlorenen Orte bleiben verloren. Aber das Unwiederbringliche hat mit Neuseenland eine Zukunft bekommen. An den 17 Seen werden Sportzentren entstehen und Yachthäfen, Strände, Wiesen und neue Wälder, wo heute noch menschenfeindliche Wüstenei ist. Am Hainer See zum Beispiel, im Herzen dieser zukünftig amphibischen Region, soll eine Unterwasserwelt angelegt werden, in der Besucher hinter dicken Glaswänden Fische und Pflanzen beobachten können. Und in Zwenkau hat sich bereits ein Yachtclub gegründet, weil das gähnende Tagebauloch an seiner Flanke bis 2011 zum größten Gewässer Neuseenlands aufsteigen wird. „Wir sehen uns schon nach einem gebrauchten Boot um", sagt Jochen Grünhagen vom Zwenkauer Yachtclub erwartungsfroh.

Vergessene Orte wie Großdeuben können sich Hoffnungen auf einen Platz an sonnenbeschienenen Ufern machen. Jahrelang rollte von zwei Seiten eine gierige Apokalypse auf das schmucklose Dorf zu. Von der einen Seite bohrte sich der Zwenkauer Tagebau heran, von der anderen der Espenhainer. Großdeuben blieb als Insel in der Mitte – als „Frontstadt der Braunkohle", wie es zu DDR-Zeiten hieß. Die „Straße des Aufbruchs", deren trostlose Häuser den Namen heute noch lächerlich machen, weist aber bereits in eine neue Zeit. In einigen Jahren werden die Großdeubener statt auf die kargen Birken an den Rändern der Tagebau-Restlöcher auf die Segel von Booten blicken. Auch das Wort Insel wird dann einen anderen Klang haben. □

Michael Kraske, *geboren 1972, lebt als freier Reporter in Leipzig. Für dieses Heft schrieb er auch die Geschichte einer deutsch-deutschen Liebe (S. 84).*
Peter Hirth, *Jahrgang 1960, freier Fotograf, zog vor mehr als einem Jahrzehnt von Stade in die Leipziger Südvorstadt, die er für MERIAN ebenso einfühlsam porträtierte (S. 110) wie seinen bevorzugten Badesee.*

MERIAN | TIPP Neuseenland

Anreise zum Cospudener See Auf der Karl-Liebknecht-Straße stadtauswärts Richtung Markkleeberg-West. Etwa 5 Kilometer hinter Leipzig ist der Parkplatz „Cospudener See" ausgeschildert; von dort sind es weitere 3 Kilometer bis zum Zöbigker Hafen.
Alternative: Wander- und Radweg durch den Auenwald bis zum Naherholungsgebiet Cospuden ab Richard-Lehmann-Straße.
Cospudener See Zöbigker Hafen, Touristisches Zentrum mit Restaurant, Yachthafen, Bootsverleih, Ausflugsschiff, Segelschule, Tauchschule, Sauna, Biergarten. Info: Pier 1, Hafenstraße 23, Tel. (03 41) 356 51 11
www.cospuden.de; Seewirt Cospuden, Hafenstraße 23
Tel. (03 41) 354 26 83, *tgl. 10-23 Uhr*
Tauchschule Lutz Kamski, Hafenstraße, **Tel. (03 41) 590 64 56**
Sauna im See, Hafenstraße 19, **Tel. (03 41) 358 50 77**
www.Sauna-im-See.de
Info zur Schifffahrt: Leipziger Servicebetriebe, **Tel. (03 41) 48 72 22 70**
Aussichtspunkte auf Neuseenland, touristische und technische Infos
Aussichtspunkt Sanierungsgebiet Zwenkau an der B 186 bei Zitzschen: Blick in das größte Restloch, das später der Zwenkauer See werden soll.
Aussichtsturm Bistumshöhe am Cospudener See,
eine halbe Stunde Fußweg vom Zöbigker Hafen: Überblick über den Cospudener See, bei guter Sicht bis zum Leipziger Zentrum.
Aussichtspunkt Sanierungstagebau Espenhain bei Störmthal: Einblick in die Flutungsphase des Störmthaler Sees.
Aussichtsturm und Rundwanderweg Halde Trages
Anfahrt über Mölbis bei Espenhain:
Aussicht auf renaturierte Abraumhalde.
Infos zur Sanierung: www.neuseenland.de
Ausstellung des Vereins „Verlorene Orte" in der Kirchenruine Wachau
Kirchplatz, 04416 Markkleeberg, **Tel. (03 42 97) 870 42**
von **Juni bis Oktober** jeden ersten Sonntag im Monat *14-18 Uhr.*

>> weitere Tipps im Infoteil ab Seite 120

ose Dörfer: die schöne neue amphibische Welt in der
'achthäfen, Stränden, Promenaden und Unterwasser-Aquarium

In den Bildern von Tim Eitel treten Personen häufig in abstrakten Räumen auf, die erst damit Maßstab und eine räumliche Tiefe bekommen – wie in dem Gemälde „Blau und Gelb“ (2002)

Tafel- und Landschaftsbild erleben eine Renaissance. Künstler in der Tradition der Leipziger Schule beharren auf der Sinnlichkeit des Figürlichen und haben damit internationalen Erfolg. Was sie eint: Fast alle sind Schüler von Arno Rink. ***Text: Andrea Claudia Hoffmann***

DIE RINK-SCHULE

Schnell Tim Eitel Peter Busch Arno Rink Neo Rauch Tilo Baumgärtel Ma
äberle David Schnell Tim Eitel Peter Busch Arno Rink Neo Rauch Tilo Baum
Arno Rink Neo Rauch Tilo Baumgärtel Martin Kobe Christoph Ruckhäber
rtin Kobe Christoph Ruckhäberle David Schnell Tim Eitel Peter Busch Arr

Arno Rink, einst selbst Student an der Hochschule für Grafik und Buchkunst in Leipzig, wurde Ende der siebziger Jahre dort zum Professor berufen. Als Leiter einer Klasse für Malerei und Grafik ist Arno Rink seit Jahrzehnten der *Spiritus Rector* mehrerer Leipziger Malergenerationen

Auf dem internationalen Kunstmarkt erzielen die Arbeiten von Neo Rauch längst Höchstpreise. Von 1993 bis 1998 war er künstlerischer Assistent bei Arno Rink und hat sein handwerkliches Können auch an dessen jüngere Schüler wie Baumgärtel, Eitel oder Schnell weitergegeben

Im Gemälde „Reaktionäre Situation“ von 2002 vereint Neo Rauch die surrealen Momente eines Max Ernst oder René Magritte mit der Ästhetik der Pop-Art wie auch des Sozialistischen Realismus

ell Tim Eitel Peter Busch Arno Rink Neo Rauch Tilo Baumgärtel Martin Kob
stoph Ruckhäberle David Schnell Tim Eitel Peter Busch Arno Rink Ne
h Tilo Baumgärtel Martin Kobe Christoph Ruckhäberle David Schnell Ti
Peter Busch Arno Rink Neo Rauch Tilo Baumgärtel Martin Kobe Christop
häberle David Schnell Tim Eitel Peter Busch Arno Rink Neo Rauch Ti
ngärtel Martin Kobe Christoph Ruckhäberle David Schnell Tim Eitel Pete

Neo Rauch malt die Ikonen der Zeitenwende

David Schnell Tim Eitel Peter Busch Arno Rink Neo Rauch Tilo Baumgärt
in Kobe Christoph Ruckhäberle David Schnell Tim Eitel Peter Busch Arn

David Schnell führt in seinen Arbeiten Natur als Monokultur vor. Der Einladung auf den Hochsitz, zum alles überblickenden Perspektivwechsel, auf dem Gemälde „Hütte am Feld“ mag man jedoch nicht folgen

David Schnell bei der Arbeit im Atelier. Im Mittelpunkt seines Œuvres steht die zivilisatorische Formung der Landschaft

Beim gemeinsamen Mahl auf dem Dach der Leipziger Hochschule für Grafik und Buchkunst: Matthias Weischer, Martin Kobe, Christoph Ruckhäberle, Peter Busch, David Schnell, Tim Eitel und Jörg Lozek (v. r.), Absolventen der HGB

Rink Neo Rauch Tilo Baumgärtel Martin Kobe Christoph Ruckhäberle D

Landschaften dokumentieren künstliche Welten

chnell Tim Eitel Peter Busch Arno Rink Neo Rauch Tilo Baumgärtel Marti
lo Baumgärtel Martin Kobe Christoph Ruckhäberle David Schnell Ti
Peter Busch Arno Rink Neo Rauch Tilo Baumgärtel Martin Kobe Christop
khäberle David Schnell Tim Eitel Peter Busch Arno Rink Neo Rauch Ti
mgärtel Martin Kobe Christoph Ruckhäberle David Schnell Tim Eitel Pete
h Arno Rink Neo Rauch Tilo Baumgärtel Martin Kobe Christoph Ruckhä

d Schnell Tim Eitel Peter Busch Arno Rink Neo Rauch Tilo Baumgärtel M
obe Christoph Ruckhäberle David Schnell Tim Eitel Peter Busch Arno Rink
auch Tilo Baumgärtel Martin Kobe Christoph Ruckhäberle David Schnell
itel Peter Busch Arno Rink Neo Rauch Tilo Baumgärtel Martin Kobe Chris
uckhäberle David Schnell Tim Eitel Peter Busch Arno Rink Neo Rauch
aumgärtel Martin Kobe Christoph Ruckhäberle David Schnell Tim Eitel P
usch Arno Rink Neo Rauch Tilo Baumgärtel Martin Kobe Christoph Ruc
erle David Schnell Tim Eitel Peter Busch Arno Rink Neo Rauch Tilo Baum
l Martin Kobe Christoph Ruckhäberle David Schnell Tim Eitel Peter B

› Junge Kunst zeigt, was junge Künstler bewegt ‹

Die 2003 entstandenen „Tafeln“ von Tilo Baumgärtel führen in eine geheimnisvolle Welt der Fantasie. Die zeichnerischen Einflüsse seines Lehrers Neo Rauch sind bei Baumgärtel noch am augenfälligsten

Alles begann Anfang der Achtziger, als ein gewisser Neo Rauch an der Leipziger Hochschule für Grafik und Buchkunst das Zeichnen übte. Sein Modell war ein Mann ohne besondere Kennzeichen: weder groß noch klein, weder dick noch dünn, das Haupthaar noch nicht so schütter wie heute. Rauch ahnte nicht, dass das Übungsobjekt seine Karriere entscheidend beeinflussen würde: Gerd Harry Lybke, sein späterer Galerist.

Lybke erzählt die Geschichte so: „Wir waren in Leipzig damals so derart hinterm Mond, dass wir das Gerede vom Ende der Malerei einfach überhört haben. Hier konntest du als Maler noch die Frauen beeindrucken! Als sich im Westen längst schon alle auf Videokunst und solchen Schnickschnack stürzten, streifte Professor Rink immer noch mit seinem Pinsel durch die Hochschule und malte figürlich, obwohl das längst out war. Und Neo, weil er eben ein guter Schüler war, machte brav alles mit.“

Gemälde wie „Hamburg“ und eine kühlsachliche Bildsprache haben dem 1971 geborenen, ehemaligen Rink-Schüler Tim Eitel frühe Vergleiche mit den Arbeiten von Hopper oder Hockney eingetragen

Der heute 64-jährige Arno Rink, eine würdevolle Erscheinung mit angegrautem Lenin-Bart, hat in Leipzig ganze Generationen von Malern unterrichtet. Sicher ist er nicht unschuldig daran, dass Neo Rauch so malt, wie er malt. Immerhin besuchte der Malerstar fünf Jahre lang seine Fachklasse und arbeitete später, nach einer Zeit als Meisterschüler bei Bernhard Heisig, fünf Jahre als Assistent für Rink. Dennoch fragt man sich: Lässt sich künstlerisches Schaffen – zumal von einer Ausgefallenheit, wie sie Neo Rauch, Michael Triegel und andere Rink-Schüler an den Tag legen – durch Unterricht vermitteln?

Rauchs Werke verwirren die Betrachter; Rauch erzählt Bild-Geschichten, malt Rätselbilder. Bilder, die keiner richtig versteht. Sein rasanter Aufstieg vollzog sich im vergangenen Jahrzehnt: Lybke ebnete dem Eigenbrötler den Weg in die internationale Kunstszene. Nach der Wende missachtete der zurückhaltende Leipziger mit der hohen Stirn und dem nachdenklichen Blick alle Anpassungsmanöver an westliche Kunst-Moden. Stur sammelte er Versatzstücke aus der DDR-Vergangenheit und baute daraus seine eigene Welt aus ikonographischen Collagen. Es gab die unterschiedlichsten Versuche, seine figurativen Sprachbilder, in denen Pop und Agit-Prop zusammenlaufen, einer Tradition zuzuordnen – vom Sozialistischen Realismus über die Leipziger Schule bis hin zum Surrealismus. Aber Rauchs Eigentümlichkeit macht es Kunsthistorikern schwer.

Lernbar ist eine solche Authentizität sicher nicht, aber sie kann gefördert werden. Und genau darin liegt das Geheimnis von Rinks Didaktik. Rauch spricht voller Hochachtung von seinem früheren Lehrer Arno Rink. Er wirke bei seinen Schülern nicht im vordergründigen Sinne stilbildend, sondern „grundsätzlicher über die Behandlung von Haltungsfragen.“

„Haltung“ ist ein Schlüsselwort in Rinks Fachklasse. „Das ist umfassend gemeint: Haltung zur Arbeit, Haltung zum Geist, Haltung zu sozialen Belangen“, versucht Rink zu erklären. Man benötige eine philosophische Grundhaltung, um Maler zu sein. Die versucht Rink bei seinen Studenten durch Gespräche zu entwickeln. „Jeder bringt seinen Affen mit in die Klasse – und wir nehmen uns viel Zeit, um herauszufinden, was wir mit ihm machen wollen." Es gibt auch ein paar Leitsätze, auf die der erfrischend konservative Professor Wert legt: „An Fehlern lernt man mehr als an einem gelungenen Bild", und: „So lange man arbeitet, kann man nichts falsch machen." Damit will Rink seinen Studenten die Angst nehmen. „Neo Rauch ist so eine Art Cinderella für uns", sagt er über den berühmtesten seiner Schüler. „Alle träumen von einer solchen Karriere."

Nach der Generation Rauch betritt nun eine neue Garde von Rink-Schülern das Parkett der internationalen Kunstszene: Tilo Baumgärtel, Martin Kobe, Christoph Ruckhäberle, David Schnell, Tim Eitel und Peter Busch, alle Anfang Dreißig. Im Konvoi bilden sie die jüngste Liga der gegenständlichen Malerei. Tafelbild, Figur und Landschaft sind ihr Markenzeichen. Und schon palavert die künstlerische Fachwelt von einer „Neuen Leipziger Schule".

„Neue Leipziger Schule? Diese Bezeichnung führt in die Irre", findet einer ihrer Protagonisten: Christoph Ruckhäberle, der auf die Neue Sachlichkeit der zwanziger Jahre zurückgreift und komplexe urbane Genreszenen schafft, die von verträumten Menschen bevölkert werden. „Als ich Mitte der Neuziger an die Hochschule kam, war diese Tradition längst tot und begraben." Kollege Peter Busch gibt ihm Recht: „Die ‚Neue' Leipziger Schule ist nur neu, weil es den Namen schon mal gab. Aber sie ist nicht die Fortführung einer alten Leipziger Schule."

Nach der Wende herrschte in der Hochschule große Verunsicherung. Diffamierende Äußerungen aus dem Westen hatten die Hochschullehrer tief getroffen. „Unsere Souveränität war weg", gibt Arno Rink zu. „Ich stellte mir Fragen wie: Wer bin ich eigentlich? Habe ich unter einer Glocke gelebt?" Jahrelang zeigte er deshalb seine eigenen, vornehmlich von morbid-erotischen Motiven geprägten Arbeiten, kaum mehr der Öffentlichkeit.

Einige Berührungspunkte zwischen alter und neuer Leipziger Schule lassen sich trotz Dementi freilich nicht von der Hand weisen: Immerhin unterrichteten, als Ruckhäberle und Kollegen Mitte der neunziger Jahre ihr Studium begannen, dort noch dieselben Ost-Professoren, die man einst mit diesem Begriff verband. Charakteristisch sind sowohl für alte als auch für junge Leipziger Maler weniger Reminiszenzen an den Sozialistischen Realismus, sondern die Gegenständlichkeit der Darstellungen verbunden mit einem hohen zeichnerischen Können. „Ich bilde eine Elite aus", sagt Rink, der sich vor Bewerbungen kaum retten kann. Die Verunsicherung der Nachwendezeit ist verflogen und einem neuen Selbstbewusstsein gewichen, dem Bewusstsein für Qualität *made in* Leipzig.

Handwerkliche Perfektion hält Rink für unabdingbar, um als Künstler zu überzeugen. Aber das ist eine Messlatte, die er vor allem für sich selbst anlegt. Seine Schüler ermutigt er, ihre eigenen Maßstäbe zu entwickeln. Denen sollen sie gerecht werden. „Wer schluderig malen will, soll

Die Natur wie auch der Mensch sind in den Gemälden und Zeichnungen von Arno Rink nicht bis ins Letzte erklärbar. Auch „Garda", eine Gouache (2001), bleibt eher Entdeckung und Auslegung als Antwort

Große Namen locken Talente an Leipzigs Schule

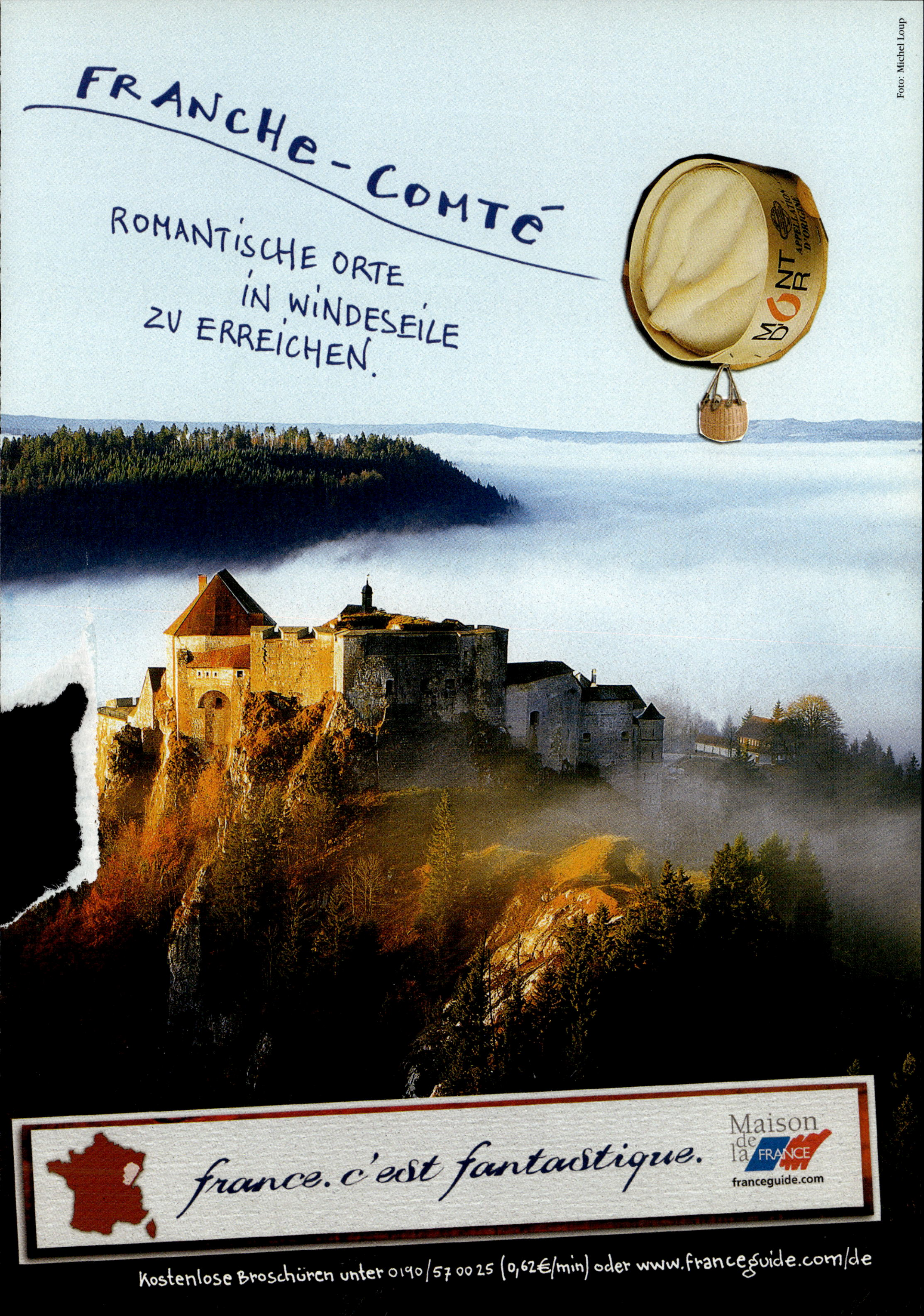

FRANCHE-COMTÉ
ROMANTISCHE ORTE
IN WINDESEILE
ZU ERREICHEN.
MONT D'OR
APPELLATION D'ORIGINE
france. c'est fantastique.
Maison de la FRANCE
franceguide.com
Kostenlose Broschüren unter 0190/57 00 25 (0,62€/min) oder www.franceguide.com/de
Foto: Michel Loup

MERIAN | INFO Leipziger Schule und Galerien

Als **Leipziger Schule** wird eine symbolisch-gegenständliche Malerei bezeichnet, deren Anfänge in den späten fünfziger Jahren des 20. Jahrhunderts an der Hochschule für Grafik und Buchkunst (HGB) in Leipzig liegen. Der Begriff bezieht sich auf eine lockere, höchst kontroverse und deshalb außerordentlich produktive Gruppe von Malern – nicht auf eine „Kunst-Kaderschmiede". Werner Tübke, Bernhard Heisig und Wolfgang Mattheuer, die nach 1945 zu den ersten Studenten der Hochschule gehörten und dort später lehrten, waren in den Sechzigern deren maßgebliche Protagonisten, damit die erste Generation der Leipziger Schule. Die hatte in der HGB ihr Zentrum, deckt sich aber nicht mit ihr. Der Spielraum der Maler war die Mehrdeutigkeit ihrer Bilder. Arno Rink, Volker Stelzmann, Hartwig Ebersbach oder Sighard Gille – die zweite Generation und Schüler der ersten –, trumpften drastischer und aggressiver auf. Ihre Arbeiten bereiteten eine Stimmung mit vor, die sich 1989 offenbarte. Nach der Wende haben Maler wie Neo Rauch den Kunstmarkt erobert, deren Arbeiten ohne den Hintergrund der Leipziger Schule nicht denkbar sind. Angesichts junger Maler wie Eitel, Schnell oder Baumgärtel, allesamt Schüler von Rink und Rauch, ist gar von einer „Neuen Leipziger Schule" die Rede.

Diese Galerien vertreten die genannten Künstler und präsentieren ihre Arbeiten:

Galerie Eigen+Art (D 5) Ferdinand-Rhode-Str. 14, Tel. 960 78 86, Di-Sa 11-18 Uhr

Galerie Kleindienst (D 6) Grassistr. 20, Tel. 477 45 53, Di-Fr 15-18, Sa 11-14 Uhr

maerzgalerie (D 5) Beethovenstr. 14, Tel. 998 59 72, Mi-Fr 14-18, Sa 11-14 Uhr

Galerien und Ausstellungen: www.rundgang-kunst.de/

>> weitere Tipps im Infoteil auf Seite 122

Mediale Welten formen das Sehen

Im Gemälde „Vorstadt“ (2002) wie auch den anderen Arbeiten von Christoph Ruckhäberle wird der öffentliche Raum zum Freizeittreff, dient lediglich als Kulisse für das Figurenensembles

Im Sommer wird das Aktzeichnen aus den Ateliers und Kabinetten häufig auf die Dachterrasse der Hochschule für Grafik und Buchkunst verlegt (im Hintergrund das Bundesverwaltungsgericht)

schluderig malen. Aber wenn der eigene Anspruch die Perfektion beinhaltet, sollte er sich auch mit nichts Geringerem zufrieden geben!“

Keiner hat das mehr verinnerlicht als der Perfektionist Tim Eitel, der als der viel versprechendste unter den Nachwuchs-Künstlern gehandelt wird. In seinem Bild „Blau und Gelb“ stellt er Figuren in einen Raum, der an Arbeiten des De-Stijl-Malers Piet Mondrian erinnert. Eine ziemlich freche Kombination, denn Mondrians Forderung nach einer Malerei ohne Abbild führt er damit ad absurdum. Das ist jedoch nicht als Respektlosigkeit gegenüber der abstrakten Malerei zu verstehen. Im Gegenteil: Die Figuren und Landschaften lassen sich ebenso abstrakt wie gegenständlich lesen. Im Malprozess versucht sich Eitel immer wieder vom Gegenstand zu entfernen. Auch das hat er bei Rink gelernt: den abstrakten Blick auf das Gegenständliche. „Man darf nicht blindlings dem Motiv vertrauen“, hat der Professor ihm ans Herz gelegt. „Jede Entscheidung im Bildaufbau muss zwingend sein; jedes Element muss auf der Fläche den adäquaten Wert beanspruchen.“

Trotz der Gemeinsamkeiten muss aber vor allem auffallen, wie unterschiedlich sich alle Rink-Schüler entwickelt haben. Jeder hat seine eigene Bildsprache. Besonders deutlich werden diese Kontraste bei Malern, die sich scheinbar ähnlichen Themen widmen wie der so genannten Landschaftsmalerei. Da steht auf der einen Seite Peter Busch, der an die malerische Sinnlichkeit der nachimpressionistischen Zeit anknüpft. Seine in zarten Farben gehaltenen Gebirgslandschaften bilden einen starken Kontrast zu den futuristischen Landschaftsvisionen David Schnells, der militärisch durchorganisierte Monokulturwälder, Lichtungen und Schonungen auf die Leinwand bringt, die wie surreale Computerwelten wirken. Der Eingriff des Menschen in die Landschaft steht bei ihm im Vordergrund; von „Natur“ bleibt dabei nicht viel übrig.

Den Rat ihres Lehrers schätzen die ehemaligen Schüler und Meisterschüler auch heute noch. Kurz vor Ausstellungseröffnungen klingelt in Rinks Privathaus im Leipziger Stadtteil Schleußig oft genug das Telefon: „Dann kommen Panikanrufe“, erzählt der Professor schmunzelnd. Manchmal geht es nur darum, seinen Zöglingen die Scheu vor dem Schritt in die Öffentlichkeit zu nehmen. Manchmal geht es auch um Grundsätzliches. „Das war so bei dem Bild ‚Schneise‘“, berichtet Landschaftsmaler Schnell: „Ich wusste nur: Da hakt etwas.“ Gemeinsam versuchten Lehrer und Schüler herauszufinden, was bei dem Bild im Argen lag. Funktionierte die Lichtsituation? War das zentrale Element der Komposition – ein Baum – richtig platziert? „Da ging es ans Eingemachte. Rink hat einen präzisen Blick für Dinge, die nicht stimmen.“

Neben Arno Rink haben alle Leipziger Künstler der jüngeren Generation auch Neo Rauch als Lehrer erlebt, der bis 1999 als Assistent an der Hochschule arbeitete. Bei Tilo Baumgärtel ist die Prägung durch Rauch noch am stärksten zu erkennen. Wie sein Vorbild verlässt Baumgärtel in seiner Malerei den Bereich sichtbarer Wirklichkeit; seine absurden Szenarien bewegen sich zwischen Alltag und Alptraum. Entschlüsseln lassen sich seine spannungsgeladenen Stimmungsbilder kaum, aber sie liefern Fragmente für eine Geschichte, die man sich beim Betrachten unwillkürlich auszudenken beginnt. Und wie bei Rauch – der direkt im Atelier nebenan arbeitet – scheint auch bei Baumgärtel nur eines sicher: dass nichts eindeutig ist.

„Neo hat viel von seiner Forschheit auf uns übertragen“, sagt der 32-jährige Baumgärtel über seinen Lehrer. „Mir hat er gezeigt, wie man ein Bild zum Laufen bekommt.“ Mit Rink dagegen konnte er besser über Persönliches reden. So legte der Professor ihm nahe, er müsse seine Schüchternheit überwinden, die sich zunächst auch in seinen Bildern niederschlug. „Rink hat mir immer gesagt, was mit mir selbst los ist, und Rauch, was mit meinen Bildern los ist“, erklärt Baumgärtel den Einfluss beider Lehrer.

Arno Rink sähe es gern, wenn Neo Rauch 2005 in seine Fußstapfen an der Hochschule für Grafik und Buchkunst treten würde. Auch Tim Eitel hat ihn als gute Ergänzung zu Rink erlebt: „Er sprudelte vor Ideen und fing immer sofort an, mit uns zu fantasieren.“ Weniger jedoch als den malerischen Stil hat Eitel als einziger Newcomer eine nicht minder wichtige Voraussetzung für die große Karriere von Neo Rauch „geerbt“: dessen Galeristen. Gerd Harry Lybke, der im Hintergrund die Fäden zieht, hat als erste Amtshandlung die Preise für Eitels Arbeiten verdoppelt. □

Andrea Claudia Hoffmann, *geboren 1973, ist Journalistin in Hamburg. Neben der Kunst sind Mittelamerika und der Iran ihre Schwerpunktthemen.*

Michael Triegel greift die Stilmittel der italienischen Renaissance auf, bedient sich des Zitats und der Parodie und entwickelt so – wie im „Abendmahl“ von 1994 – eine überraschende Bildsprache

› Das Neue zeigt das Alte, ist provokative Hommage ‹

Foto: Peter Franke

Der

Hier lagerte einst Kohle zum Heizen. Die Innenhöfe wurden zu lichtdurchfluteten und großzügigen Lesesälen umgebaut – unter aufwändigen Glasdachkonstruktionen

Text: Reinhard Ulbrich

Bücherpalast

Am 111. Jahrestag ihrer Einweihung wurde 2002 die zu zwei Dritteln kriegszerstörte Bibliotheca Albertina neu eröffnet. Die Universitätsbibliothek ist uralt, brandneu – und höchst bewundernswert

Ionische Säulengänge, Kranzgesimse aus Stuck unter einer eleganten Kuppel: Die Treppenhalle zwischen Vestibül und Obergeschoss ist ein bauliches Gesamtkunstwerk

Seltsam muss es ja ausgesehen haben, als der Förster in der Bibliotheca Albertina anrückte. Der Mann kam nicht, um zu lesen, sondern – im grünen Wams – um einen Dachs zu fangen, der sich ins Magazin eingeschlichen hatte. „Diesen Nutzer mussten wir leider des Hauses verweisen", sagt Ekkehard Henschke, „denn er war des Lesens unkundig."

Von solchen Ausnahmen abgesehen, möchte der Direktor der Leipziger Universitätsbibliothek sein Reich aber gern für möglichst viele Interessenten öffnen. Und der prachtvolle Bau im Musikerviertel, benannt nach dem sächsischen König Albert, zieht auch massenhaft Publikum an. So groß ist die Zahl der Neugierigen, dass geführte Besichtigungen angeboten werden, um die Bibliotheksnutzer in den Lesesälen nicht über Gebühr zu stören.

Der Grund für die große Beachtung klingt auf Anhieb paradox: Leipzigs Albertina ist weit über 100 Jahre alt und zugleich nagelneu. 1891 von Arwed Roßbach im Stil des Historismus erbaut, bekam sie in den letzten Tagen des Zweiten Weltkriegs mehrere schwere Bombentreffer ab und blieb als Ruine bis zu ihrer Wiederherstellung im Jahr 2002 eine offene Wunde im Stadtbild.

Nicht genug damit, dass Roßbach, ein Schüler Gottfried Sempers, als Erbauer der unter Ulbricht gesprengten Paulinerkirche oder des Gebäudes der Deutschen Bank hohes öffentliches Ansehen genießt, die Bibliothek wurde auch noch irrtümlich zerstört. Die alliierten Bomberpiloten wollten den benachbarten Reichsgerichtshof treffen. „So ging ein Spiegelbild deutscher Zeitgeschichte zu Bruch. Zum Glück waren im Krieg 90 Prozent der Bibliotheksbestände ins Völkerschlachtdenkmal ausgelagert worden", sagt Direktor Henschke, „Papyri, Goethe-Autografen, Luther-Handschriften – unschätzbare Werte."

Das meiste davon kam zwar bis 1950 zurück, aber in den wenigen von den Bombardements verschonten Magazinen und Lesesälen herrschten fortan nicht die Bedingungen, wie sie im Buche stehen: Mehr als zwei Drittel der Bausubstanz lagen in Trümmern, der Rest war mit Notdächern, Eimern und Kinderbadewannen mehr schlecht als recht gegen eindringenden Regen gesichert. Als Hauptproblem erwies sich die mangelhafte Heizung. „Die Temperaturen lagen im Winter in einigen Räumen bei minus vier bis minus sieben Grad", erzählt Claudia-Leonore Täschner, Chefin des Bereichs Nutzung. „Am wärmsten wurde der Katalogsaal, wo das Thermometer zumindest zeitweise 13 Grad plus anzeigte." Die Mitarbeiter trugen dicke Jacken und Mäntel und brachten sich warme Decken mit, trotzdem grassierten die Erkältungswellen. Auch die Bücher wurden gewissermaßen krank und fingen an zu schimmeln. Mit den Folgeschäden haben die Buchrestauratoren bis heute zu tun. „Es grenzt schon an ein Wunder", resümiert Täschner, „dass die Mitarbeiter nicht völlig resignierten."

Fünfmal gab es zu DDR-Zeiten Pläne, die Albertina wieder aufzubauen, aber immer fehlte es am Geld. So blieb das staatliche Motto „Auferstanden aus Ruinen" nichts als ein Wunschbild wie mancherorts in Leipzig: Genügend Ruinen waren zwar vorhanden, doch die Auferstehung ließ auf sich warten.

Schon damals streifte um den zuwuchernden Bibliothekstorso ein Mann, der sich ausmalte, wie das Kleinod trotzdem noch zu retten sein könnte. Michael Jaenisch ist von Beruf Architekt und aus tiefster Seele Leipziger. „Zu dieser Zeit brauchte man viel Fantasie", sagt er und holt Fotos hervor, auf denen Bäume aus blinden Fenstern wachsen und kaputte Treppenstufen ins Nichts führen. „Der Zustand war katastrophal." Es war 1990, als erstmals Geld aus DDR-Parteienvermögen zur Verfügung stand und Jaenischs neu gegründetes Architekturbüro HJW den Auftrag zum Wiederaufbau erhielt. „Wir kannten das Objekt eben am besten", sagt Jaenisch selbstbewusst.

Die aktive Bauphase begann 1992 und zog sich zehn Jahre hin. Es war eine Zeit, die allen Beteiligten das Äußerste abverlangte. „Der Bibliotheksbetrieb musste in der Zwi-

Weitere fünf Jahre Verfall, und die Bausubstanz der Albertina wäre nicht mehr zu retten gewesen

Wie eine Idylle der Antike: die Treppenhalle noch in den Neunzigern

Meisterstück des Historismus: die Fassade der Bibliotheca Albertina

Dreieinhalb Millionen Bände unter einem Dach. Und doch will die Albertina kein Elfenbeinturm sein

schenzeit weitergehen, es war eine Operation bei vollem Bewusstsein", benennt Jaenisch die Schwierigkeiten.

Überraschungen gab es dabei jeden Tag. „Wassereinbrüche, Taubenzecken, Stromausfälle – wir haben hier wirklich alles durchgemacht", erinnert sich Henschke. Aber auch im Positiven: Als die Reste der Haupttreppe abgebrochen wurden, kamen mehrere Thorarollen zum Vorschein. Sie waren vermutlich zum Schutz vor den Nazis in der Bibliothek versteckt worden. Die rituellen Gesetzesrollen wurden der jüdischen Gemeinde übergeben; es gelang immerhin teilweise, sie zu restaurieren.

Manche Bibliothekare mussten bis zu viermal umziehen, und sie hatten 47 Kilometer Magazinbestände zu verlagern", erzählt Direktor Henschke. Schließlich haperte es mit der Deckentragfähigkeit überall. Und ausgerechnet in den Obergeschossen lagerten die schwersten Buchbestände, obgleich die alten Träger allenfalls noch Schreibtisch und Stuhl aushielten. „Abhilfe konnte nur die Errichtung einer weißen Wanne schaffen", sagt Architekt Jaenisch und deutet auf einen großformatigen Bauplan, „das heißt: zwei komplett neue Magazingeschosse unter der Erde." Vollklimatisiert, mit gleich bleibender Temperatur und Luftfeuchtigkeit in den sensiblen Magazinen und vollautomatischem Transportsystem in der ganzen Bibliothek.

Zusätzlich zum halbrunden Lesesaal, den Roßbach geschaffen hatte, wurden mit Hilfe aufwändiger Glasüberdachungen dort neue Räume geschaffen, wo früher unansehnliche Kohlehaufen lagerten: Zwei alte Innenhöfe sind auf diese Weise zu perfekt ausgestatteten Lesesälen umgebaut worden, mit individueller Beleuchtung und Internetzugang an jedem Arbeitsplatz, mit einem sehenswerten Miteinander von Alt und Neu. Raffiniert ist die Technik der Glasdächer, zu denen man unwillkürlich hinaufblickt: Bei allzu praller Sommersonne ziehen sich automatisch Stoffblenden zu, und wenn im Winter Schnee auf den Glaskuppeln lastet, lassen sich Reinigungsbrücken ausschwenken, von denen aus Angestellte das Dach freischaufeln können. Kein Wunder, dass hier die Gesamtzahl der Leseplätze in den Sälen von einst 167 auf heute mehr als 750 wuchs. Selbst ein computerisierter Arbeitsraum für Blinde fehlt nicht, in dem Texte gescannt und maschinell vorgesprochen werden können.

Am eindrucksvollsten ist der Vorher-nachher-Effekt im Ostflügel: Dort, wo die Innereien des Hauses über Jahrzehnte offen lagen, weil Obergeschosse und Dach fehlten, werden heute die wertvollsten Bestände der Albertina verwahrt. In einem abgeschirmten Magazin mit ausgefeilter Sicherheitstechnik lagern die ältesten Urkunden und Manuskripte. So ist die ehemals größte Wunde des Hauses heute der am besten behütete Teil des Ganzen.

Bei so viel Solidität und 3,6 Millionen Bänden unter einem Dach sowie Platz für die Vergrößerung des Bestands um ein Viertel erinnert kaum noch etwas an die Mühen, die erforderlich waren, bis in dem historischen Bauwerk aus dem 19. Jahrhundert – einer Kriegsruine zumal – endlich die moderne Bibliothek von heute geworden war.

Leipzig hatte es als „Stadt des Buches" in den vergangenen Jahren nicht leicht, deshalb ist die Freude über jeden wiedergewonnenen Leseplatz groß. Umso mehr, als die Albertina kein Elfenbeinturm für Gelehrte sein will. Mit Veranstaltungen und Präsentationen ist sie in kurzer Zeit eine Größe im Kulturleben Leipzigs geworden. Vergessen sind die Anstrengungen jedoch nicht: „Weitere fünf Jahre Verfall", erklärt Architekt Jaenisch, „und die Bausubstanz der Bibliothek wäre nicht mehr zu sanieren gewesen." □

Dr. Reinhard Ulbrich, *Jg. 1952, ist freier Autor in Berlin. Für mehrere seiner Bücher hat er in der Albertina recherchiert – auch unter den im Text beschriebenen widrigen Bedingungen.*

MERIAN | TIPP Deutsche Bücherei

Im Hauptlesesaal der Deutschen Bücherei herrscht geschäftige Stille

Fast jede Sammlung wird langweilig, wenn sie komplett ist. So gesehen dürfte in der Deutschen Bücherei, der bedeutendsten Büchersammlung Deutschlands und berühmten Bibliothek Leipzigs, nie Langeweile aufkommen. Das Haus unweit des Völkerschlachtdenkmals entstand 1913 bis 1916 als Nationalbibliothek im Auftrag des Börsenvereins des Deutschen Buchhandels. Dort werden seither die gesamte in Deutschland erscheinende Literatur sowie alle deutschsprachigen Titel des Auslands gesammelt. Aber von Vollständigkeit kann naturgemäß keine Rede sein. Im Gegenteil: Die Titelzahl wächst explosionsartig, und man kann deshalb in der „DB", so die Bezeichnung in Leipzig, nur schätzen, dass dort ungefähr 10,5 Millionen bibliografische Einheiten vorhanden sind. Und jeden Tag wachsen die Bestände um 1200 Exemplare, das ergibt jeweils 24 neu gefüllte Meter in den Regalen. Dahinter steht die Verpflichtung aller Verleger der deutschsprachigen Länder, von jeder Neuerscheinung, ob Buch, amtliche Druckschrift oder Privatdruck, ein Exemplar an die DB abzugeben. Verliehen werden die Bücher allerdings nicht, das Haus am Deutschen Platz ist eine reine Präsenzbibliothek. 60 000 Bände umfasst allein die Handbibliothek im prächtigen Hauptlesesaal, der schon für sich genommen einen Besuch der Bibliothek lohnt. 1946 gründete der Börsenverein die Deutsche Bibliothek in Frankfurt/Main als zweite Nationalbibliothek, da nicht sicher war, ob die Deutsche Bücherei in Leipzig ihrem Sammelauftrag weiter nachkommen würde. Beide Häuser bilden heute die Nationalbibliothek der Bundesrepublik Deutschland. Getreu dem alten Gründungsauftrag der Bücherei kann in Leipzig jeder, der 18 Jahre alt ist und sich ausweist, die Bestände gegen eine Gebühr nutzen.

Deutsche Bücherei, Deutscher Platz 1, www.ddb.de, Mo-Fr 8-22, Sa 9-18 Uhr. Die Straßenbahn 16 fährt direkt zur DB.

Leipzigs Heldentag

Erich Loest wünscht sich den Tag der ersten großen Montagsdemonstration in Leipzig als nationalen Gedenktag

Erich Loest, u. a. Autor der Romane „Nikolaikirche" und „Völkerschlachtdenkmal", dessen Leben und Werk untrennbar mit Leipzig verbunden ist, schrieb in allen bisher bei MERIAN erschienenen Leipzig-Ausgaben über seine Wahlheimat

Es hätte ja auch passieren können, sprach Pfarrer Christian Führer zu seiner Friedensgebetsgemeinde, dass wir heute Kränze niederlegen müssten. Das Schiff der Nikolaikirche ist gefüllt, der erste Rang von Besuchern gesprenkelt. Schülerinnen und Schüler des Evangelischen Schulzentrums, „Eva Schulze" im Sprachgebrauch, gestalten diesen Gottesdienst. Der Gospelchor, an die vierzig Blasse und eine Farbige, singt, klatscht, schnipst und wirft die Arme. Ich blicke auf das dunkelbraune Mädchen und denke: wie wohltuend, dass wir diese Eine in unserem spröden Norden haben.

„Stehe auf und geh!", heißt das Thema der Predigt an diesem 9. Oktober 2003. Willst du gesund werden, fragte der Herr den Kranken, willst du *denn überhaupt gesund werden*?! Oder bist du schon so lethargisch, dass du gar nicht mehr willst, dass dir geholfen werde? Wir müssen immer wieder aufstehen, lautet das Gebot der Bibel, so wie die Beherzten unter den Bürgern der DDR immer wieder aufgestanden sind. Schließlich waren es 70000, die von diesem Gotteshaus aus loszogen und die DDR-Diktatur stürzten. Vierzehn Jahre sind verstrichen seitdem, uns plagen Arbeitslosigkeit, Lernmüdigkeit, Kriegsgefahr – wir müssen immer wieder Mut fassen, aufstehen eben, losgehen.

Stets galt, so der Pfarrer, uns zu fragen: Was würde Jesus in dieser Situation tun? Nicht locker lassen, es wieder und wieder versuchen! Neben mir sitzt der Superintendent von 1989, Friedrich Magirius. Damals stand er zwischen allen Fronten: Hier die „Abtl. Inneres" mit dem Druck des Staates und der SED, da der Bischof, der Gemeindevorstand, die „Gruppen" mit ihren Forderungen. „Wenn Blut fließt, wird es über Sie und Ihre Kirche kommen!", drohte die Staatsmacht. Unablässig musste Magirius Wege finden, die auch mal Umwege waren. Heute ist simpel urteilen, damals wusste keiner, wie's ausging.

Ich sitze vorn und dennoch am Rande des Gottesdienstes, denn ich war damals nicht dabei, sondern weit vom möglichen Schuss in Bonn. Ich bangte und hoffte. Erinnerung lebt auf, wie wir hier 1995 den Film „Nikolaikirche" drehten,

November 1981 An einem Montag begründet die evangelische Jugend in der Leipziger Nikolaikirche die Tradition der Friedensgebete unter dem Motto „Schwerter zu Pflugscharen".

August 1989 In Ost-Berlin, Budapest und Prag müssen die Ständige Vertretung bzw. die Botschaft der Bundesrepublik Deutschland wegen Überfüllung durch ausreisewillige DDR-Bürger geschlossen werden. Besucher eines „paneuropäischen Picknicks" an der ungarisch-österreichischen Grenze bei Sopron drücken ein Tor der Sperranlage ein, mehr als 600 DDR-Bürger fliehen in den Westen.

Stasi (rechts) behindert Demonstranten

4. September 1989 Mehrere 100 Menschen demonstrieren in Leipzig nach dem Montagsgebet.

10. September In Grünheide bei Berlin gründen 30 Systemkritiker das Neue Forum.
11. September Die ungarische Grenze wird geöffnet; erste Verhaftung von Teilnehmern des Montagsgebets.
25. September Die Zahl der Demonstranten nach dem Montagsgebet übersteigt erstmals die Zahl 5000.

Die Friedensgebete in der Nikolaikirche mündeten 1989 in die Montagsdemonstrationen und das Ende des SED-Staates

Ulrich Mühe als Pfarrer, Otto Sander als Superintendent, Frank Beyer führte Regie. Am Ende ließ ich Peter Sodann in der Rolle des Stasi-Generals sagen: „Wir waren auf alles vorbereitet, nur nicht auf Kerzen und Gebete."

Auf dem Nikolaikirchhof ragt eine Säule, kopiert nach den Säulen im Kirchenschiff. Mit Denkmalen ist es meist problematisch, dieses hier wurde angenommen von Leipzigern und Besuchern als Sinnbild des friedfertigen Aufbruchs von 1989 unter dem Ruf der Zehntausenden: „Keine Gewalt!" Ein bis an die Zähne gerüsteter Staat verschied ohne einen Schuss, ohne eine zerbrochene Scheibe. In der Tat: Wir müssen keine Kränze der Trauer niederlegen. Am 14. Jahrestag übergab der Oberbürgermeister Brunnen und Installation auf dem Nikolaikirchhof: 144 Glaswürfel sind ins Pflaster gefügt, in der Abenddämmerung beginnen sie nach und nach zu leuchten, symbolisierend, wie damals die Menschenlawine anwuchs.

Schon an diesem Abend glitzern auf dem Boden des Brunnens Münzen, hineingeworfen in der Hoffnung auf Bewahrung dieses Geistes von Leipzig: Steht auf und geht den von Jesus, der Menschlichkeit, der Vernunft vorgegebenen Weg.

70 000 Menschen ziehen am 9. Oktober 1989 um den Leipziger Ring

7. Oktober 1989 40. Jahrestag der Gründung der DDR. Ehrengast Michail Gorbatschow mahnt: „Wer zu spät kommt, den bestaft das Leben." Sicherheitskräfte lösen friedliche Demonstrationen im ganzen Land gewaltsam auf.
9. Oktober Der friedliche Verlauf der bis dahin größten Montagsdemonstration in Leipzig und der DDR mit mehr als 70 000 Menschen wird zum Schlüsselereignis der Wendezeit.
18. Oktober Unter dem Druck der Straße tritt Erich Honecker von allen Ämtern zurück. Egon Krenz wird Parteivorsitzender.
3. November Krenz kündigt den Rücktritt der alten Garde im SED-Politbüro an. Leipzigs Oberbürgermeister tritt zurück.
4. November Schätzungsweise eine Million Menschen nehmen in Berlin an der größten nichtstaatlichen Demonstration in der Geschichte der DDR teil.

Die Nikolaikirche wirkt als Gotteshaus, Musikhalle, Anziehungspunkt für Touristen und politisches Forum. Es ist Jahrzehnte her, dass die ersten Friedensgebete abgehalten wurden. Immer montags, 17 Uhr. Damals starrten Raketen von zwei Seiten auf Deutschland, das in Gefahr geriet, zur atomaren Wüste zu werden. Seither wird gebetet und gesammelt für Rassengleichheit in Südafrika, bosnische Flüchtlinge, Kirchgemeinden im Baltikum. In den letzten Jahren der DDR vereinten sich unter dem Kirchendach Gläubige und Ungläubige und debattierten über friedliche Erziehung der Kinder, Bewahrung der Schöpfung, Menschenrechte, Ausreise oder Ausharren. „Wir sind das Volk!" wurde zum Kampfruf und „Wir bleiben hier!" Dieser Satz ließ frösteln: „Der Letzte macht das Licht aus."

Pfarrer Führer und sein Amtsbruder Friedrich Schorlemmer aus Wittenberg haben einen Aufruf verfasst, den 9. Oktober zum Tag des nationalen Gedenkens zu ernennen: „Lassen Sie uns im glücklich vereinigten Deutschland nicht den Staatsakt vor dem Brandenburger Tor, sondern die gewaltlose Volkserhebung der Menschen auf den Straßen des Landes feiern. Was im Osten geschah und geschieht, geht uns alle an. Schließlich ist der 9. November nicht ohne den 9. Oktober denkbar." Neun Gründe dafür führen sie an, es sind gute Gründe allesamt.

Johannes Rau diskutierte einige Male am großen Tag mit Jugendlichen vor dem Altar. Alle staunten über die Klarheit der Fragen; der Bundespräsident machte es sich schwer mit seinen Antworten. Da war es nichts mit staatstragender Repräsentation; wir alle hatten das Gefühl, hier werde nach gültiger Demokratie gesucht.

Sorgsam wurde in den letzten Jahren restauriert von der Fußbodenheizung bis zum Dach. Im Sommer stehen Tische und Stühle auf dem Nikolaikirchhof, Leipziger und ihre Gäste genießen die lauen Abende. Die Nikolaischule gegenüber ist aus ruinösem Zustand durch Mittel der Stadt Frankfurt/Main gerettet worden, sie birgt Gaststätte, Museum und Versammlungsraum. Wir wollen uns gar nicht vorstellen, wie heute alles in Trümmern läge, hätte die DDR nicht ihren Ungeist ausgehaucht.

Die Kirche ist von den Morgenstunden an offen für alle. Der Organist übt, Sonnenlicht fällt herein. Besuchergruppen werden geführt, in den Bänken ist gut Ausruhen, ehe es wieder hinausgeht in den Trubel der Stadt. Luther predigte hier, unweit in der Pleißenburg, wo heute das Neue Rathaus steht, verteidigte er seine Thesen. Pfarrer Führer eilt hindurch mit seinem Köfferchen. Schülerinnen aus Plauen wollen ihn befragen, wie es denn wirklich war im Herbst 1989, schwedische Studenten haben sich angemeldet, eine Pfarrerin aus Thüringen bietet die Ausgestaltung eines Friedensgebets an.

Es kann sein, du gehst hinaus zu dem Brunnen und der Säule und stellst dir vor, wie auf diesem Platz im Herbst 1989 die Stasi knüppelte, wie die Leipziger Kerzen trugen – in einer Hand die Kerze im Becher, die andere Hand schützte vorm Luftzug. Keine Hand war frei, einen Stein aufzuheben. Dann kann es sein, du begreifst, dass schon zehntausend mit ihrer Unterschrift den Aufruf der Pfarrer Führer und Schorlemmer unterstützt haben. Ihr braucht euch überhaupt nur zwei Daten zu merken, beharrt Christian Führer, den 9. Oktober und den 24. Dezember. „Wir sind das Volk!" und „Jauchzet, frohlocket!" □

Erich Loest, *geboren 1926, wurde 1957 aus politischen Gründen zu sieben Jahren Zuchthaus verurteilt. 1981 verließ er Leipzig und die DDR. Der Schriftsteller lebt heute wieder in Leipzig.*

Am 4. Dezember 1989 gelingt es, die Leipziger Stasi-Zentrale friedlich zu besetzen

7. November Die Regierung unter Ministerpräsident Willi Stoph tritt geschlossen zurück.
9. November Politbüromitglied Günter Schabowski verkündet vor laufenden Kameras wie nebenbei die uneingeschränkte Reisefreiheit. Tausende Ost-Berliner strömen zur Grenze zu West-Berlin. Gegen Mitternacht öffnet sich die Berliner Mauer.
7. Dezember Der „Runde Tisch" konstituiert sich in Berlin.
11. Dezember Botschafter-Treffen der vier Siegermächte zur deutschen Frage in Berlin.
13./14. Februar 1990 NATO und Warschauer Pakt einigen sich in Kanada auf „Zwei-plus-Vier-Verhandlungen" zur Lösung der deutschen Frage.
12. April 1990 Lothar de Maizière wird erster frei gewählter Ministerpräsident der DDR.
31. Mai-3. Juni Gipfeltreffen zwischen George Bush und Michail Gorbatschow.
21. Juni 1990 Anerkennung der polnischen Westgrenze, Prämisse für die Währungsunion.
1. Juli Die Währungs-, Wirtschafts- und Sozialunion beider deutscher Staaten tritt in Kraft.
14.-16. Juli Gorbatschow billigt bei einem Treffen mit Helmut Kohl Deutschland Souveränität und freie Bündniswahl zu.
3. Oktober Die Länder der DDR treten in einem Staatsakt der Bundesrepublik Deutschland bei.

SECHS LEIPZIGER FRAUENBLICKE

Das Bild von Leipzig als Buchstadt ist blasser geworden. Die Buchmesse steht im Schatten der größeren Frankfurter Veranstaltung. Doch zu entdecken ist eine höchst lebendige Literaturszene, deren Mittelpunkt seit Jahren das Deutsche Literaturinstitut Leipzig (DLL) ist. Kann man Schreiben lernen? Die Antwort wollten wir anderen überlassen, weil Schreibenlernen auch etwas mit Lesenlassen zu tun hat. Sechs Schriftstellerinnen, allesamt Absolventinnen der Dichterschule, haben exklusiv für MERIAN über Leipzig geschrieben.

Illustrationen: Jutta Drewes

SIMONE GERTZ
HANG LOOSE L.E.

Spielen wir um Geld?“ Der beste Mitbewohner der Welt bekam schmale Augen. Ich zuckte gleichgültig mit den Schultern, denn ich verliere beim Backgammon regelmäßig und muss dann zusehen, wie der Mitbewohner sich von meinem Geld – nobel, nobel – Filterzigaretten kauft. Manchmal, wenn sein Mitgefühl mir Verliererin unerträglich wird, gerate ich aus der Fassung und stelle unter Umständen etwas mit Messern an. Aber dies war kein Abend für die Van-Gogh-Nummer. Also stattete ich Mrs. Martha Focker einen Besuch ab, um einen Liter des guten alten Betäubungsmittels François Dulac zu kaufen.

„Simönchen!“, begrüßte mich Bine, schönster Torwart der Welt beim Roten Stern Leipzig, „was macht die Kunst?“ – „Ja, na ja, die Kunst“, wand ich mich, „da kümmert sich mein Agent drum. Die Frau auf dem A-Amt hat gesagt, ich muss nicht mehr persönlich vorbeikommen, und ich brauch ne Flasche Wein.“ – „Also alles beim Alten“, sagte Bine und gab mir den Wein.

„Und selber so?“ – „Wir machen bald dicht“, sagte Bine, „wenn wir es ausrechnen würden, kämen wir vielleicht auf einen Stundenlohn von einem Euro.“

Mir fiel meine Zeit in einem Beschäftigungsbetrieb ein, wo ich für einen Euro die Stunde in einem schäbigen Büro in Leipzig-Leutzsch so tun musste, als machte ich eine Betriebszeitung. Es war Winter, und niemals sah ich mein Zuhause bei Tageslicht, sondern fragte Leute, die in Göbschelwitz einen Teich entschlammten, wie das denn so sei, Teiche zu entschlammen, im Winter, für einen Euro die Stunde, als Dipl.-Sonstewas, und ob ihnen unsere Zeitung gefalle, in der sie dann alles noch mal nachlesen und ein Foto von sich ansehen könnten. Das kann einem vielleicht die Laune verderben.

„Wir müssten die Preise erhöhen“, fuhr Bine fort, „aber das ist asozial. Das kann man nicht bringen.“ Ich schwieg, Bine bekam leicht Schaum vor dem Mund, wenn er das Wort Kapitalismus aussprach. Für wie geisteskrank hätte er mich halten müssen, wenn ich ihm als Kundin zu einer Preiserhöhung geraten hätte. Obwohl Bine sich nicht gerne mit Verkaufsstrategien befasste, hatte er mit seinem Kumpel Beni, Linksaußen beim Roten Stern, einen Kaufladen mit Musik eröffnet, gefördert mit einem Existenzgründerkredit vom Europäischen Sozialfonds. Auch das schien Bine peinlich zu sein: die können doch nicht jedem 6000 Euro geben, nur weil er mal ne Idee hat.

Können die wohl, aber nur, wenn sie die Idee gut finden und erst dann, wenn der Laden schon einen Monat aufhat. Deshalb standen im Mrs. Martha Focker eher kränklich als gebraucht zu nennende Kühlschränke und flog die Sicherung raus, wenn man heiße Würstchen und Softeis gleichzeitig haben wollte. Aber das machte nichts, auf dem abgewetzten Sofa saß es sich bequem bei Sternburg, Musik und ab und zu ner Jolle. Man konnte das Spielergebnis vom Wochenende aus erster, Neuigkeiten aus zweiter oder dritter Hand erfahren, und wenn man jemanden suchte, der einem hilft, die Küche zu tapezieren oder eine illegale Party zu organisieren, konnte man hoffen, dass sich ein Bewerbungsgespräch ergab oder vermitteln ließ. Wie sonst sollte man – wenn sie einen auf dem A-Amt schon nicht mehr sehen wollen – seine großzügig bemessene Freizeit sinnvoll ausfüllen, als zusammen was zu machen, was einer alleine nicht kann? Natürlich könnte man auch an einem der unüberschaubar vielen Tresen dieser Stadt Raubbau am eigenen Körper betreiben, damit Messegäste und Touristen allzeit Hoch-die-Tassen haben und der Welt erzählen können, dass Leipzig keine Sperrstunde hat und überhaupt einmalig ist. Aber das ist auf Dauer eintönig, ruiniert die Gesundheit und führt zu Gejammer, das keiner hören will. Ganz abgesehen davon, dass man es sich nicht leisten kann.

„Ihr solltet euer Angebot erweitern. Hygieneartikel z.B.", dozierte ich. „Kauft keiner", sagte Bine und zeigte auf staubige Klopapierrollen und Zahnbürsten in der Ecke. „Am besten gehen Bier, Schokoriegel und Softeis."

Bine wandte sich dem nächsten Kunden zu. Es war Goofy, ganz in rot, der zwei leere Bierflaschen auf den Tisch stellte und was von Frauen brabbelte, die auf rote Klamotten abfahren. Goofy, so erzählte man sich, hatte einmal unwissentlich eine ganze Kanne Stechapfeltee gesoffen und sich dabei, an einem heißen Tag wie diesem, eine Psychose eingefangen. Jetzt verkloppte er die Pillen, die ihm der Püschiater verschrieb, an Teenager. Mit eigenen Augen gesehen hatte ich, wie er Freisitze voll kotzte.

Zum Zeitvertreib (und um nicht unnötig Goofys Aufmerksamkeit auf mich zu lenken) las ich die vielen winzigen schwarzen Zeilen auf einem grauen Papier, das auf dem Tresen klebte. Ein von Bine und Beni verfasster Appell an die ‚Stammkundschaft', dass man keine Schnauzbärte mehr dulden wolle, die stundenlang das Sofa belagern und mit ihren Dunstwolken und Stammtischparolen andere Gäste vergraulen, während sie sich selbst stets an nur einem Bier festhalten und zu guter Letzt auch noch pampig werden, wenn um 1.00 Uhr Schluss ist.

„Kommen die immer noch", fragte ich Bine und musterte das in die Sitzgarnitur gefläzte Jungvolk, dem, geschützt vor den Blicken naseweiser Passanten durch ein rotes Tuch im Fenster, offensichtlich so wohl war als wie 500 bekifften Säuen. „Nö", Bine schleckte an einem Softeis, „die sind im Frühling wieder auf ihre Parkbänke gezogen. Wir brüllen ja nicht gerade gerne rum." „Aber so traut sich wohl auch keiner rein", sagte ich und deutete auf das rote Tuch, „da erwartet doch erst recht niemand, dass hier drin was Legales vonstatten geht." – „Das ist nur zur Wärmedämmung", sagte Bine, „wir haben eh keine in Anführungsstrichen normalen Kunden erwartet." Er schob sich die Eistüte ganz in den Mund und sah mich kauend an. „Ihr könntet doch den ganzen Tag aufmachen oder das Angebot erweitern", ermunterte ich. „Nee, nee", wiegelte Bine ab, „das ist schon gut, dass wir erst um 18 Uhr aufmachen, wir wollen doch dem Bratwurstmann nebenan nicht die Existenz gefährden." – „Ihr könntet die Bildzeitung verkaufen, anstatt nur diese linkshysterischen Kampfpostillen aus dem Eiskeller. Flachmänner, Rubbellose, das zieht die Leute an, dazu ein nettes Wort, und schon kommen sie wieder." Bine schüttelte den Kopf. „Wir verkaufen doch hier nicht die Bildzeitung!"

Ich bezahlte, ging und rügte mich selbst. Wovon hatte ich schon Ahnung, wie kam ich dazu, solche Reden zu schwingen? Schließlich war ich nicht, wie Bine, im Kapuzenpullover zur Welt gekommen, 24 Jahre in Connewitz aufgewachsen und im Eiskeller vom Frauenplenum sozialisiert worden. Man sollte wissen, wann man die Klappe hält, und ich übe immer noch; mein Gott, was hab ich geübt!

Gunnar lief mir über den Weg, auch so ein Fall für sich. „Naja, muss ja, nützt ja nüscht, Blutplasma spenden, ich brauch Nieten", antwortete er auf die Frage nach seinem Wohlbefinden und seinem Ziel. Ich (nichts dazu gelernt) wollte ihm gleich einreden, Geld beim ESF zu beantragen um das Mrs. Martha Focker zu übernehmen, er könne sich ja ne Glotze reinstellen und den ganzen Tag Simpsons-Videos kucken. Ich hielt das für eine ausgezeichnete Idee. „Abhau'n", sagte Gunnar, „dann hab'sch ja gar keene Zeit mehr. Will'sch nisch." Er schob seinen Bierbauch weiter, den größten übrigens, den ich kenne.

Ich kam nicht weit, da sah ich meinen obdachlosen Kumpel I.O.VI.IX. (One-Zero-Six-Nine) mir auflauern, an der Haltestelle gegenüber von unserem Haus. Ich nahm ihn mit hoch und nötigte ihn, wie es mir von seiner Stammkneipe aufgetragen worden war, sowohl seinen Körper als auch seine Kleidung zu reinigen. Hernach beglückte ich ihn mit einer warmen Mahlzeit und setzte ihn zum besten Mitbewohner der Welt ans Backgammonbrett, der von da an verlor. Kurz darauf erteilte ich Alkoholverbot in unseren vier Wänden, was die beiden niemals einhielten.

Jetzt ist Mrs. Martha Focker dicht. Mit uns trauert halb Connewitz, denn es war der sympathischste, bequemste, billigste, nächste Spätverkauf, der von allen am längsten offen hatte. Aber vielleicht macht bald einer eine E-Tankstelle darin auf, einen Kaufladen mit Steckdose, weil Tankstellen rund um die Uhr Bier verkaufen dürfen. Das Sofa kann ja dann gleich stehen bleiben.

FRANZISKA GERSTENBERG

ANKOMMEN, ABER WEGGEHEN

Unter dem obersten speckigen Klingelknopf stehen sechs Namen. Das gibt es nicht nur hier, das gibt es überall. Karinas Name ist der sechste, hat kaum noch Platz gefunden, Druckbuchstaben unter Tesafilm. Es ist keine drei Wochen her, dass ich Karinas Gummibaum die Treppen hochgetragen habe, an einem Donnerstag Anfang Mai. Den Gummibaum, die Tischplatte, den Müllsack mit Pullovern, diese unförmigen Kommodenschubladen, an denen ich mir jedes Mal Splitter einziehe.

Holztreppen, wie in vielen Häusern hier, Holztreppen gibt es nicht überall, die sind vielleicht sogar selten. Da, wo wir ursprünglich herkommen, Karina und ich, sind die Treppen aus Stein. Holztreppen, Fahrräder auf jedem Absatz, und die Wohnung nimmt die ganze Etage ein. Ein Ofen im Flur, von dem aus alle Zimmer beheizt werden. Abgeschliffene Dielen, in Karinas Zimmer ein kompliziert verlegtes Parkett. Von den Mitbewohnern habe ich erst zwei gesehen, heute sitzt ein dritter in der Küche, auf dem Tisch liegt ein Stadtplan.

Stefan, sagt der Mitbewohner und küsst mich auf beide Wangen, ich bin Stefan, ab Oktober im ersten Semester, BWL. Und dann rasselt er halblaut die Stadtteile herunter, Reudnitz, Connewitz, Stötteritz, Plagwitz. Muss doch wissen, wo ich jetzt wohne, sagt er. Karina zieht mich in ihr Zimmer. Man küsst sich hier nicht auf die Wangen, das wird Stefan noch lernen. Man sagt *nu* und *nee* und *Boom*. Doch, ich habe eine Weile gebraucht, um zu merken, dass

die Stadt grün ist. Da, wo wir ursprünglich herkommen, Karina und ich, sagt man auch *nu* und *Boom*, aber die Bäume stehen links und rechts am Straßenrand, man sieht die Kronen von den Fenstern der Wohnungen aus. Hier haben sie das Grün in den großen Parks konzentriert.

Man muss das vielleicht erklären. Bevor Karina im Januar weggezogen ist, hat sie nur ein paar Straßen entfernt gewohnt von der riesigen WG mit den sechs Zimmern und dem Ofen im Flur. Sie hat die Luft geatmet, Kohleheizung, den Geruch vom Kanal, Abgase und manchmal, zu selten, Schnee, hat auf die Stadt geflucht. Nichts los hier, immer dasselbe, beim Joggen die Kampfhunde, dass man freiwillig das Tempo rausnimmt, in der Innenstadt nur blonde Hühner aus Grünau, in weißen geschlitzten Jeans, mit dem dazugehörigen Kerl daneben, Glatze und so weiter, wie sie bei McDonald's sitzen, und überhaupt, soll das hier ein zweites Düsseldorf werden. Man muss das vielleicht erklären, das sind jetzt nicht meine Worte.

Karina ist nach Berlin gezogen, wie das ja alle tun, man muss das schon drin haben in der Biographie, Berlin. Und dann haben wir telefoniert, und dann haben wir noch mal telefoniert und immer öfter, und dann habe ich eigentlich nichts mehr begriffen, weil Karina plötzlich bei mir übernachtet und sich schon wieder Zimmer angeschaut hat, hier, in Stötteritz, Plagwitz, Reudnitz, Connewitz, wie Stefan sagen würde. In Stötteritz eigentlich nicht, das ist zu weit draußen. Berlin jedenfalls hatte sich erledigt, nach knapp vier Monaten. Der Gummibaum war kaum gewachsen in der Zeit. Ich trug ihn die Treppen hoch, und Karina stand auf der Straße und atmete begeistert die Luft ein. Sauber, sagte sie, so was von sauber. Na, sagte ich, kein Wunder, im Frühling. Irgendwas hatte sie wohl vermisst.

Im Zimmer mit dem kompliziert verlegten Parkett, schmale kurze Hölzer, die im rechten Winkel aufeinander treffen, sage ich: Das muss man vielleicht erklären. Karina strahlt mich an. Irgendwas habe ich wohl vermisst, sagt sie, im Park, da treiben die Bäume aus, jeder *Boom* sozusagen, ich gehe wieder joggen, ins Rosental, man kann die Tiere im Zoo ja auch sehen, ohne Eintritt zu zahlen. Nicht alle, klar, du kannst nicht alles haben im Leben! Die Wände im Zimmer sind ohne Tapete, der Putz ist auf eine Weise fleckig, die ich nicht als schmutzig empfinde, sondern als höhlenartig. Grautöne, ein sanftes Moosgrün darin, vielleicht von einem früheren Anstrich. Die Fensterbretter hat Karina im gleichen Grün gestrichen. Man kann überall leben, sage ich, es muss einen anderen Grund geben. Sie sieht mich an, steht auf aus dem Korbsessel, der vorm Fenster steht, setzt sich neben mich aufs Bett.

Stefan öffnet die Tür und steht mitten im Zimmer. Ich bin durch, sagt er, Lindenau, Grünau, Mockau. Was für Namen, sagt er. Er fährt sich durch die gegelten Haare. Bei ihm akzeptiert Karina das, Gel in den Haaren, Kunstlederturnschuhe mit gelben Streifen, Markenjeans. Käme Stefan aus Grünau, wäre sie nicht so tolerant.

Hier geht die Post ab, sagt Stefan, hätte ich das eher gewusst, im Osten ist noch was los, hier entwickelt sich was, hier ist die Zeit stehen geblieben. Karina lacht. Vielleicht in dieser Wohnung, sagt sie. Obwohl, sie zieht die Unterlippe zwischen die Zähne und verschränkt die Arme. Wir haben ein Bad, sagt sie, mit heißem Wasser, man kann auch noch Klos auf der halben Treppe finden und Badeöfen. Geil, sagt Stefan. Er geht zum Fenster, sieht Karinas CDs durch, wippt in den Turnschuhen auf und ab. Karina schaut mich an: Vielleicht bin ich wegen dir zurückgekommen! Ihre Stimme ist leise, aber tief, als ob sie Halsschmerzen hätte. Stefan fragt nach Kneipen, nach Waschsalons, die Waschmaschine läuft aus, Karina hat schon davon erzählt. Ich schicke ihn ins Maga Pon, Café und Wäscherei in einem, zwei Fliegen mit einer Klappe schlagen. Er kommt aus Düsseldorf und hat noch nie so breite Straßen gesehen, er fragt, warum es hier so wenig Menschen gibt.

Als die Wohnungstür ins Schloss fällt, sagt Karina, sie mache sich keine Illusionen, der halte es nur einen Sommer lang aus in der Wohnung. Wetten, sagt sie, im November ist er auf und davon. Stefan hat noch keinen Kohleneimer aus dem Keller bis in den obersten Stock schleppen müssen, mit Handschuhen an den Händen, unter dem Mantel im Schlafanzug. Wahrscheinlich hat er gar keinen Schlafanzug, sagt Karina, wahrscheinlich schläft er in Boxershorts. Er hat welche mit Enten drauf! Sie kichert, und das Kichern sagt, dass sie Recht hatte, zurückzukommen, lange habe ich das nicht gehört, nicht am Telefon und auch nicht, als ich sie in Berlin besuchte.

Ich muss es ihr jetzt sagen. Karinas Bett ist nur eine Matratze auf dem Boden, Karina zieht Fäden aus dem roten Bezug. Ich muss es dir jetzt sagen, sage ich, ich gehe weg. Sie sieht mich an, nickt und schüttelt den Kopf, nickt noch einmal. Das ist nicht dein Ernst, sagt sie. Wetten, sage ich, im November bin ich auf und davon. Sie zieht die Nase hoch. Düsseldorf?, fragt sie. Nicht ganz, sage ich, aber fast.

Sie legt den Kopf in meinen Schoß. Und wenn ich wirklich wegen dir zurückgekommen bin, was dann?

Wir gehen ins Maga Pon. Wir haben in der Küche gesessen, Karina hat Tee gekocht und nichts gesagt, den Dampfwolken nachgestarrt. Was machen wir jetzt?, habe ich gefragt. Sie hat die Tasse abgestellt und plötzlich doch wieder gelacht: Den Sommer genießen, was sonst! Diesen Sommer hier! So, wie es Stefan macht. So, wie es alle machen. Man kann überall leben. Wir gehen ins Maga Pon, Stefan suchen. Ich habe Angst, dass Karina ihm helfen wird, seine Wäsche zusammenzulegen, aber das ist ihre Geschichte. Vor dem Eingang bleiben wir stehen. Hinter der Scheibe rotieren die Waschmaschinen unter einer Kaffeetasse aus Leuchtröhren. Du kommst doch sowieso wieder, sagt Karina.

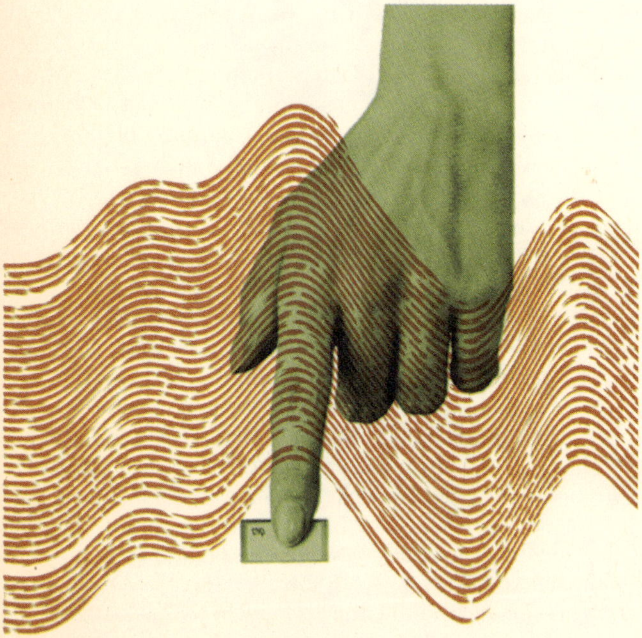

JULI ZEH

SALZWASSER-TRÄUME

Was macht eine mittelgroße mitteldeutsche Stadt, die kein Gebirge vor der Tür, keinen majestätisch sich dahinwälzenden Strom im Herzen, keinen Wald außen herum, keine Küste in der Nähe, keinen Regierungssitz, keine Drogenszene, keine Heilquellen und auch sonst eigentlich nichts zu melden hat?

Natürlich: Sie beginnt zu träumen. Sammelt Schutt und Müll, um Hügel daraus zu formen. Flutet Braunkohlegruben zu einer Seenplatte à la Mecklenburg. Karrt Sand für künstliche Strände und Dünen heran. Baut eine Neue Messe, das größte Menschenaffenhaus der Welt, ein Stadion für die Fußballweltmeisterschaft. Und sie kandidiert für Olympia.

Das findet Beachtung. Die Stadt wird gelobt und in der ganzen Republik bekannt, man befördert sie zur „Ostmetropole". Glaskuppeln stehlen das Sonnenlicht vom Himmel, neue Gebäude sprießen überall aus dem Boden, in der Innenstadt wimmeln Einkaufszentren, Passagen und Plätze vor Menschen.

Außerhalb des Gebietes jedoch, in dem die Stadt „City" heißt, quillt am Abend orangefarbener Lichtdunst durch leere Straßen. Wohlgenährte Kaufmannsfassaden aus der Gründerzeit und mächtige Backsteinburgen alter Fabriken schweigen sich an, stehen dabei Kopf in den Spiegelungen einer künstlichen Wasserstraße zu ihren Füßen und erzeugen einen mehr durch die Haut als mit den Ohren wahrnehmbaren Ton – das Geräusch der Sehnsucht, davon kündend, dass die Stadt einst etwas anderes gewollt hat.

Diese Stadt wollte ans Meer. Der umliegende Kreis heißt „Leipziger Land", das Klima ist kontinental, und bei „Flut" denkt hier niemand an das Gegenteil von Ebbe, sondern an die biblische Überschwemmung im Jahr 2002. Aber nicht mal das Hochwasser hat Leipzig so richtig erreicht.

Ausgerechnet eine solche Landratte von Stadt wünschte sich schon immer einen Hafen, bitteschön einen mit Zugang zu den Sieben Meeren. Und wenn ich groß bin, werd' ich Fregattenkapitän.

Und du da hinten, was willst du mal werden?

Schrlftschtl.

Wie bitte??

Schriftsteller!

Gelächter. Schriftsteller kann man doch nicht werden. Genauso wenig wie Hafenstadt. Die ist man oder eben nicht. Die Erfahrung zeigt, dass man in der Region eher noch Bundeshauptstadt wird.

Vielleicht schwirrten aus diesem Grund schon immer die Literaten nach Leipzig wie Motten zum Licht; vielleicht gibt es deshalb eine Buchmesse, die Deutsche Bücherei, die erste Autorenschule des Landes und einen Titel als größte Verlagsstadt a.D.: Weil die Stadt genau wie die Schriftsteller ständig etwas sein will, dass man nicht werden kann, weil sie deshalb unter dem gleichen beharrlichen Größenwahn leidet, und weil die anderen immer lachen.

Dem Salzwassertraum zuliebe jedenfalls praktiziert Leipzig seit vierhundert Jahren die wichtigste, der Einfachheit halber von mir selbst erfundene Schriftstellerregel: Ein großes Werk ist die Summe aus möglichst vielen gescheiterten Versuchen.

Der erste bekannt gewordene Plan, Leipzig mit einem schiffbaren Fluss zu verkuppeln, stammt aus dem 16. Jahrhundert. Seitdem ist es der Stadt etliche Male gelungen, nicht über die Saale bis zur Elbe vorzudringen; weder durch Ausbau von Pleiße oder Weißer Elster, noch durch das Anlegen von Verbindungskanälen. Wenn nicht gerade Napoleon dazwischenkam, wurden die allseits beliebten Rivalitäten zwischen Sachsen und Preußen gepflegt, durch dessen Gebiet die Saale sich dummerweise zu fließen entschlossen hatte. Mal fehlte es an Geld, mal an Einigkeit unter den zahlreichen Interessenverbänden. Der Bau- und Planungsmogul Karl Heine zog einen Kanal gleichen Namens wie eine Schneise quer durch den Stadtteil Plagwitz und brachte es auf eine Länge von 2,5 Kilometern, bevor er im Jahr 1888 starb. Nicht weniger als fünfzehn weitere Ans-Meer-Projekte aus den folgenden Jahrzehnten finden sich wie gescheiterte Romanentwürfe in den Schubladen der Stadt.

Aber Kind, nun mach doch mal was Vernünftiges! Weil sich die Eisenbahn gegen Ende des 19. Jahrhunderts als wasserlose Transportalternative etabliert hatte, floss Leipzigs schöpferische Kraft für eine Weile in die Steinwerdung der Kopfgeburt Hauptbahnhof, seines Zeichens größtes europäisches Gebäude dieser Fasson. Doch wer wollte versuchen, einem Träumer das Träumen auszureden, einem Kind das Spielen oder dem Dichter das Dichten?

In der Weimarer Zeit erlitt die eigentlich gute Idee, den neuen Mittellandkanal über Hannover und Magdeburg um eine „Südlinie“ Richtung Leipzig zu verlängern, Schiffbruch aufgrund der Wirtschaftskrise. Und den vorläufig letzten und spektakulärsten Versuch unternahm die NS-Führung in der ihr gemäßen Weise: Wasserstraße oder Autobahn – alles dasselbe. Mit Kolonnen arbeitsloser Männer und möglichst wenig Maschinen begann man die Ausschachtung des Elster-Saale-Kanals, von seinen Freunden zärtlich „ESK“ genannt. Fünfzehn Brücken wurden errichtet, von denen die eine oder andere heute flusslos in der Landschaft steht. Drei Dämme, ein kompletter Hafen im Stadtteil Lindenau und eine zwanzig Meter hohe Schleuse zur Überbrückung des Höhenunterschieds zwischen Elster und Saale wurden beinahe vollendet.

Eine Menge Stoff, wie der Schriftsteller sagen würde. Und trotzdem gelang er wieder nicht, der große Durchbruch zum Meer: Arbeitskräftemangel im Jahr '42 aus bekannten Gründen. Sechs Kilometer trennen das Ende des ESK von der Saale, und damit fehlt dem Salzwassertraum bis heute das allerletzte Kapitel. Leipzig hält sich an die Regel vom notwendigen Scheitern aller Versuche.

Denn was ist ein Hafen ohne jeden Anschluss an das Gewässernetz, was eine gigantische Schleuse auf der grünen Wiese? Luftschlösser sind es, aus Beton, über die – wie über alles – das Gras wächst. Was der Mensch nicht mehr braucht, nimmt sich gern die Natur: In der Industriebrache inszenieren Fauna und Flora ein spontanes Naturschutzgebiet. Stahlfachwerk vermählt sich mit Büschen, verrostete Baugerüste dienen Schlingpflanzen als Kletterspielzeug, in hochhaushohen Speicherbauten nisten Dohlen, im Hafenbecken haben Hecht und Wels einen Swimmingpool. Dazwischen verkehrt eine einsame Schmalspurbahn und kitzelt dem Schweigen des Ortes kaum die Flanken. Anlegestellen ohne Schiffe und Lagerhäuser ohne Waren liegen reglos in der seltsamen Würde eines traumgebliebenen Traums; ihre Schönheit ist der Ertrag von Unbrauchbarkeit und Verfall. Wieder ist da dieser Ton. Es ist der gemeinsame Grundton aller je erzählten Geschichten.

Der Dichter spielt, erschafft und zerstört, greift wieder auf und macht etwas anderes daraus. Deshalb lautet die zweitwichtigste Schriftstellerregel: Wo viel rumliegt, kann viel wachsen, oder auch: Bloß nichts wegwerfen. Längst wurde der Lindenauer Hafen in den nächsten Leipziger Tagtraum integriert: Er soll sich im Zuge der 2012-Bewerbung in ein olympisches Dorf mit Wohnungen, Restaurants, Bürogebäuden und Poliklinik, oder, mit den Worten des Größenwahns gesprochen, in eine Modellstadt für das 21. Jahrhundert verwandeln.

Das heißt nicht, dass Leipzig geheilt wäre von der Wassersucht. Wer im Sommer auf insgesamt achtzig Kilometern flüssiger Straßen die Innenstadt durchpaddelt, vorbei an künstlichen Hügeln, künstlichen Seen und künstlichen Dünen, der wird vor seinem geistigen Auge den einen oder anderen Tausend-Tonnen-Dampfer hinter dem Dächerhorizont vorbeiziehen sehen und dabei wissen: Leipzig ist Hafenstadt, war Hafenstadt und wird es immer bleiben. Auf seine Weise. Wir Schriftsteller verstehen, warum das so ist. Mit den sechs verbliebenen Kilometern Abstand zur Saale hat es jedenfalls nicht das Geringste zu tun.

ANKE STELLING

KURZE REISE, LANGES GLÜCK

Wenn ich in Leipzig ankomme und aus dem Bahnhof trete, steht immer die Sonne über der Fußgängerbrücke am Tröndlinring und taucht das gewaltige rote Dach der beiden Bahnhofshallen in warmes, verheißungsvolles Abendlicht. Immer, auch wenn der Zug in Wittenberg oder Weißenfels noch durch Regen und Nebel fuhr. Warum das wohl so ist? Mag mich die Stadt? Will sie schöntun, mich aufstacheln, necken und betören?

So wie vor einigen Jahren, als sie sich mir zum ersten Mal hingegeben hat. Ich kam an, war fremd, ein kleines, aufgeregtes Erstsemester, aber sogleich Mieterin einer Jugendstilwohnung, in der die Abstellkammer so groß ist wie in Tübingen zwei WG-Zimmer. Und das Ganze im Zentrum, fünf Minuten vom Markt entfernt. Sollte ich belohnt werden, weil ich mich vorgewagt hatte an einen Ort, aus dem die Bewohner massenhaft abwanderten? Ja, und nicht nur ich. Bald erfuhr ich, dass man als Drittsemester ohne Miete zu zahlen in leer stehenden Großbürgervillen wohnte, vierhundert Quadratmeter Fischgrätparkett, die Wasserrohre zwar eingefroren, dafür aber an jedem Zimmer ein Balkon und im Keller Stapel dubioser Gerätschaft zum Ausstatten und Anfeuern. Leipzig! Ein Ort, an dem sich meine verworrenen nostalgischen Bedürfnisse alle auf einmal befriedigen ließen: Hausbesetzer sein und Jungpionier, Bürgerstochter und Kriegswaise, eine Kolonialherrin aus dem Westen, die im Dederon-Kittel die Kohlen hochschleppt. Spurensuche im Schnelldurchlauf. Ein Themenpark der Epochen und Lebensgefühle.

Zum sechzigsten Geburtstag meines einzigen Ost-Dozenten, eines abgebauten, aber unbezwingbaren Germanistikprofessors, traf sich die übrig gebliebene DDR-Intelligenzija im Heinrich-Budde-Haus zu Leberwurststullen und kabarettistischen Liedern. Ich flirtete mit Herren, die noch immer jene dicken Brillen und kittelartigen Jacketts trugen und Georg Maurer zitierten: „Ich sitz im Weltall / auf einer Bank im Rosental." Ein Leichtes, sich einzubilden, dass die Stadt weiterhin in einem mir fremden Staat läge, zu verlassen nur kraft der literarischen Fantasie und gnädig verschont von Konkurrenten wie London, Paris oder New York. Was mir wiederum als perfekte Grundlage diente, mich selbst und die kleinsten Dinge einzigartig und inspirierend zu finden.

Ich habe sie immer beneidet, die jungen Künstler in kontrollierten Systemen, bei denen schon die Idee ausreicht, um sich von der verachteten Norm abzusetzen. Die nicht an den eigenen, sondern an äußeren Grenzen scheitern, wenn es darum geht, etwas anders zu machen. Naiv, vielleicht; aber beschwingt von einem solchen Gefühl ging ich durch den Keller der Universität, wo hinter den Heizräumen versteckt das Rechenzentrum lag, saß abends mit dem Notizbuch im „Maga Pon" auf der anmutig verfallenden Gottschedstraße und stieg nachts mit den Schreibkollegen ins leer stehende Ringcafé ein, um zu schauen, was sich dort anstellen ließe. Ein Spiel mit historischen Illusionen in einer dafür bestens geeigneten Kulisse.

Doch die Zeit war knapp. Je mehr echte Leipziger ich kennen lernte, die mit Freude die Zukunftstauglichkeit ihrer Stadt beschworen, je weiter die Sanierung fortschritt und den Slogan der Boomtown zumindest äußerlich verwirklichte, umso schwieriger wurde es, das Lebensgefühl alter Defa-Streifen und gründerzeitlichen Herrendaseins aufrechtzuerhalten. Mit Zentralheizung und Fahrstuhl konnte ich mir die Jugendstilwohnung nicht mehr leisten,

in die Drittsemester-Villen zogen Anwaltskanzleien, und im Literaturinstitut wich das Gedenken an Georg Maurer dem Gedanken an Vorschüsse von Kiepenheuer & Witsch.

Nach etwa einem Jahr stand ich kurz vor der Desillusionierung, aber ich konnte mich auf Leipzig verlassen. Anstatt mich zurückzuschicken nach Berlin, in die Fänge eifriger Literaturagenten und die abgenutzten Szenarien wilden Großstadtlebens, in denen ich mitsamt meinen Schriftstellerplänen unweigerlich untergegangen wäre, nahm die Stadt mich wieder bei der Hand und führte mich nach Schleußig, einem Stadtteil westlich der großen Parks, in dem erneut einiges auf mich wartete. Zweite Runde meines Spiels mit fremder Identität; das Thema diesmal: Der Arbeiter passt sich an.

Ich zog in eine Wohnung, die vor dem Niedergang der Leipziger Industrie wohl noch direkter mit dem großen Schornstein im Hof zu tun gehabt hatte, jetzt aber ein malerisches kleines Denkmal mit Blick auf die Elster war. Nebenan stand das eigentliche Industriedenkmal, die abgewickelten Buntgarnwerke, neu genutzt von findigen Investoren, die Wohnungen in Werkshallen bauen ließen und diese winzigen, mit apricotfarbener Auslegware gedämmten Boxen großsprecherisch als „Lofts" anboten. Ich nahm das als Zeichen, mich ebenfalls nicht länger gegen Fortschritt und flexible Haltungen zu sperren und fing an, wie wild zu produzieren. Flotte Monologe, die ein Schweizer Verlag ähnlich großsprecherisch als „Roman" verkaufen konnte. Diashows, mit denen ich mich in die Avantgarde des Interdisziplinären und die bunten Nächte der Leipziger Clubkultur einschlich. Das Flachdach hinterm Schornstein nutzte ich als Sonnenbank, um jung und frisch auszusehen auf den unvermeidlichen Promofotos, und tatsächlich war ich kurze Zeit später so weit, dass der Anzeigenchef des Stadtmagazins mich kennenlernen wollte. Statt Leberwurststullen nun also Diners in Leipzigs feinsten Restaurants und Einsichten ins Privatleben all derer, die das Leipzig der Gegenwart ausmachten. So genau hatte ich es gar nicht wissen wollen. Aber wo sonst wäre mir so schnell so viel Aufmerksamkeit zuteil geworden? Leipzig! Der Ort, „wo sich noch was machen lässt."

Alle redeten so. Und machten. Die Unterschiede zwischen west- und ostdeutscher Herkunft verschwammen in meiner Wahrnehmung, die Stadt gehörte denen, die was mit ihr anzufangen wussten: Hannoverschen Jungs, die Bands einluden, Jenaer Mädchen, die die Kunstschule bekochten, Schweizer Dramatikern, die in der Elster angelten. Aus der wandlungsfähigen Kulisse meiner Träume vom Gestern wurden Handlungsorte eines erwachsenen, aktiven Lebens. Das konnte nicht gut gehen. Nicht mit meinem Hang zum Morbid-Melancholischen.

Na gut, sagte die Stadt und bot mir ein neues Heim, eine frühere Funktionärswohnung unter Reklameschriftzügen längst ausgemusterter Produkte. Von meinem Schreibtisch sah ich aufs Neue Rathaus, seinerseits ein Versuch, vergangene Epochen wieder aufleben zu lassen und mir als Mahnmal nun ständig vor Augen. War meine Vorstellung vom Dasein genauso zusammengebastelt wie dieses Prinzesinnenschloss ohne Prinzessin? Wahrscheinlich. Ich hatte mich endgültig verfranst im Themenpark der Lebensgefühle. Es gab keine Fahnen mehr, die ich in die verrosteten Halterungen unter den Fenstern hätte stecken können, aber auch noch keinen frischen Parmesan im Supermarkt. Ich war mit dem Studium fertig, und wie die meisten meiner Kollegen hätte ich wohl sogleich weiterziehen sollen, aber die Stadt hielt mich fest wie eine störrische Geliebte:

„Du kannst nicht gehen, wo ich dir alles gegeben habe."

„Doch. Wir sind uns einfach zu ähnlich."

„Was glaubst du denn, was du anderswo finden wirst?"

„Weiß ich nicht. Aber erstmal Ruhe vor dir."

Ich bin weggegangen. Und jetzt strahlt sie, jedesmal, wenn ich wiederkomme. Strahlt in der Abendsonne, um mir zu zeigen, was ich aufgegeben habe. Ich weiß schon. Ich wünsche, wir können Freunde bleiben.

PAULA SCHNEIDER
SAALETEUFEL
GEGEN BLUE LIONS

Meine Oma hat mir zu jedem verdammten Grashalm was erzählt, als wir noch hier gewohnt haben", Felix' hängende Arme berühren fast den Boden. David trommelt an die Heizung, Marko dreht langsam die Fahne zwischen den Beinen. Die lässigsten Schwarzfahrer der Straßenbahn.

„Saaleteufel Halle / machen euch alle", stampfen sie.

Als sich eine ernste Ladyfrau setzt, holen sie die Zigaretten raus. Blasen teuflisch Rauch. Der Geruch gelöschter Kippen auf dem Sitz schwelt zu der jungen Frau, zum immer härteren Mund. Sie zerrt ihren Pelzkragen zu.

„Mir so egal", presst sie beim Rausgehen.

Die Augen der Drei flirren. Sie lassen sich so wenig wie möglich mit diesem Leipzig ein. Schmeißen sich weg beim Anblick einer Babuschka, die nah der Russischen Kirche ihr Tuch über baumdicken Brüsten knotet.

David winselt. „So ein Osten."

„Und wie!", streckt sich knorrig Felix, „als die Russensoldaten vor paar Jahren abhauen mussten, hat ihr Oberster für die Kirche da ne Kerze von Jesus' Grab geholt, die ewig sein soll." Sie wippen einem Rhythmus nach, grinsen. „Für dich hol ich auch eine, Träumchen", flüstert David, sticht seinen Finger als Gewehrrohr in Markos Rücken. Der schnippt kitzlig weg, kratzt den Blick von der Russischen Kirche, die wie ein Fischschwanz ragt, weiße Schuppen unter der goldenen Flosse.

Die Supertitten von Leipzig", johlt Marko beim Aussteigen, „o bitte mach uns bekannt!" Felix spuckt dünn zu den brustrunden Hallen. „Meine Herren, früher waren die leckeren Stahlbetonschalen Obst- und Gemüsemarkt. Auch Kohlrabizirkus genannt, in den Goldnen Twenties die größten Betontitten der Welt."

Marko wedelt mit der Fahne eine Verbeugung. Der feine Kies, den sie hoch kicken, ist ein Ereignis zwischen den langweiligen Straßen, breit gebügeltem Industriegelände, entfernten grauen Plattenbauten. Hinten brütet das Völkerschlachtdenkmal, klumpiger Wachmann, das Alte Messegelände irgendwo unter seinen mürrischen Augen.

„Gib's zu, wir sind falsch", murrt David, Felix wehrt seine mickrigen Fäuste ab.

Unter den Zacken des Messesymbols, des gestapelten Doppel-M, sind die Jungs kleine Iis, endlich am nördlichen Altemessetor. „Das Teil ist 27 Meter hoch", grölt Felix. Sie werfen Steine, das müde Alublech klackt. „Von 1965, weil da die Sachsenstadt 800 wurde."

Marko brummt Fansprüche, klimpert den Fahnenschaft gegen die Wachhäuschen, die wie Zähne in einer Reihe stehen. Hinten in der Messemagistrale sieht man Blau; blaue Fahnen, blaue Mützen. Die Jungs stürmen durch die Pforte in die leere Messestraße, wie in ein Flussbett.

„Und hier soll was sein? Hier sind ja höchstens Aliens", knurrt Marko. Vor einem Mini-Palast der Republik balanciert eine Gruppe Chinesen.

„Die beten ihren Aliengott an", kichert Felix, schnipst zum Palastdach, wo ein strichmanndürres Werbefahrrad in den Wind kämpft. „Eh, ihr könnt auch uns anbeten", ruft David. „Völkerfreundschaft!" Die Chinesen tappen vor den Stinkfingern weg Richtung Ausgang.

Die Jungs treiben durch das trockene Flussbett, halten sich an der Fahnenstange, Kurs aufs Ufer. „Haha, ‚Schatzinsel!'", liest Marko an einem der Messebungalows.

„‚Verkauf auch gegen Gutscheine vom Sozialamt', och nee!", David hält seine Nase über eine Trödelkiste, „puh!"

In Felix' Faust knackt es. Eine Glasvase ist zerpresst. Faszinierte Blicke drauf, schnell einig. Händevoll splittert Auslagenzeug auf die Straße, als erster schmuddliger Schnee.

Sie laufen aus dem Faustschütteln des Besitzers. Lachen krumm am Völkerschlachtdenkmal vorbei, das jetzt über Treppen ein naher Diktator ist. Bei einer Imbissbaracke klopfen sie gegen bunt aufgemalte Figuren. Geduldige Geister, denen egal ist, dass sie einsam sind. Um jeden Pavillon wäre Platz genug für einen Vergnügungsrummel; in manchen Hallen für eine Achterbahn. In einem Glasgiebel nisten datschengroße Schmetterlinge aus Papier.

Der sowjetische Pavillon, ein herber Palast der Schneekönigin, zerrt die Jungs zu sich. Seine Keramikkacheln sind stadtgrauer Gletscher unter dem Blattgoldspeer. Marko drückt sich zuerst durch den Bauzaun. Unten sind die Kacheln weg, Ziegel zerfallen wie faseriges Fleisch. „Wie Leichen im Seziersaal, bei meinem scheißangeblichen Vater", murmelt Marko. Sie nehmen Anlauf, drei Schritte die Wand hoch. „Die Messe beweibt sich, man bestaunt die Sowjetpelze in Leipzig", steht mit schwarzer Farbe da. Gegenüber wird Tuten und Megaphonplärren laut.

„Eh, die Eisarena!" Felix schlenkert die Fahne. Die Sportarena ist neben dem verwitternden Ost-West-Kontaktzentrum eingerichtet, provisorische Tribünen hinter DDR-bescheidener Glasfront. Ein blauer Wedel antwortet auf Felix' Fahne. „Blue Lions!", gurgelt das Megaphon. „Saale! Teufel!", grölen sich die Jungs in Hitze.

Im Hit-Markt schlendern sie mit erwachsen verzogenen Gesichtern, die Fahne eingerollt. Unter den Stämmen vom Stahlträgerwald gibt es 40 Sorten Gummibärchen, und Schüler, die an den Kassen Kundentüten packen; aber das Bier ist im Getränke-Hit versteckt, anderer Eingang draußen in der Pampa. Sie rächen sich an den Regalen lang. Verziehen sich in die Mondlandschaft aus zerkleinerten Ziegeln, pulen die eingesteckte Beute aus den Jacken.

Das späte Licht zündelt auf den langen Hallen Dachstuhlbrände. Jaulen dringt von der Hundeschule „One Touch". Sie schleudern Bierflaschen, Scherben zu Scherben, in das Ziegelfeld. Felix albert die Geschichten seiner Oma nach. „Sogar zum Gutenachtsagen kam noch so was, die quatscht von ihrer Arbeit wie bescheuert." Er äfft mit Seidenstimme, „gleich nach dem Zweiten Weltkrieg gab's wieder eine Messe, und den Gutschein für warmen Eintopf dazu!" – „Mehr!", winselt Marko.

„Auf den Messen liefen früher immer Nutten durcheinander, die haben die Schwänze ans Militär verkauft."

„Noch mehr", verlangt David in den Hals der Flasche.

„Okay – sie haben damals Krüppel ausgestellt, Leute, die flüssiges Wachs fressen, komplettbehaarte Babys, so was."

„Danke, Frau Professor", miaut David, „ich werde Sie gleich in der Häschenschule empfehlen". Felix stößt ihn an.

„Ist doch nicht schlimm, wenn man ein Häschen ist", zwitschert David. Sie stucken sich an den Schultern rum, rütteln prügelnd näher an eine verglaste Baracke. Felix sitzt dann und blutet. „Is ja nix", wehrt er ab.

Marko inspiziert das Fenster, in das Felix gefallen ist, knirscht begeistert auf den Scherben. Sie schleppen sich auf die Stufe vor der Kuppelhalle, die als einzige der Ur-Technischen Messe noch steht. Alles andere war Opfer des Bombenkriegs, der gewütet hatte, weil unter den Nazis Rüstungswerke in der Messe waren. Felix schielt ins tempelartige Hallengesicht. In den Zwanzigern warteten dahinter bis sieben Tonnen schwere Scheren- oder Press-Maschinen. Er ballt die Stirn, als ob die Kolosse ihn bedrohen würden. Scheint David, der ihm ein geklautes T-Shirt hinschiebt, nicht zu sehen! Irgendwann fällt er ruhiger zurück gegen die Säule, nimmt den Shirtstoff zwischen alle Finger. Er tupft das T-Shirt auf die Wunde. „Die gemalten Figuren von vorhin, beim Imbiss, sind gerade durch die Allee gekommen", sagt Felix. „Lauter Geister, und haben gesächselt."

David starrt schief in die Dämmerung. Marko schneidet mit einem Glasstück vom Fenster am Fahnenholz rum.

„Eins war ein wunderschönes Mädchen mit Basecap", sagt Felix. Er leuchtet wie nach einem Kuss. Der Wind schüttelt Krähen über den Tempel.

„Saaleteufel kicken jeden um!", skandiert David heiser.

Sie haken sich ein, was sie noch nie gemacht haben; Marko hängt die Fahne aus. Von weitem Stampfen, Johlen, Massetöne. Sie schlurfen los, zum Spiel, zur Eisarena.

MARTINA HEFTER

SCHICHTEN

SCHICHTEN

Es ist für mich selbst kaum zu glauben, dass, sobald ich – zum Beispiel aus den Ferien zurückgekehrt – auf dem Leipziger Bahnhofsvorplatz stehe, ein Wunder geschieht. Zum ersten Mal seit langem fällt mein Blick wieder auf den Willi-Brandt-Platz, wo in lebensgefährdender Enge vier Bahngleise nebeneinander liegen und dazwischen hunderte von Leuten warten, Leute mit Tragetaschen in den Händen, mit Rottweilern an der Leine, mit Kindern, die aus ihren Wagen das Gedränge beobachten.

Ausgerechnet beim ersten Wiedersehen mit einem Nichtplatz, einem Unplatz, der allein dem Warten darauf dient, ihn schnell wieder zu verlassen, beginnt das Wunder. Es äußert sich darin, dass ich, sobald die Fußgängerampel, an der ich gewartet habe, auf Grün gesprungen ist, über die Straße *fliege*, nur um endlich auf den Willy-Brandt-Platz zu gelangen. Am liebsten würde ich jeden einzelnen

Wartenden mit einem Schulterklopfen begrüßen: Ich bin wieder da, möchte ich ihnen zurufen, und, es ist herrlich!

Ich spreche vom Wunder meiner langsam, aber beständig vorankommenden Verwurzelung in Leipzig, und bei jeder Rückkehr, bei jedem *Heimkommen*, wird mir ausgerechnet beim Anblick des Straßenbahnknotenpunkts bewusst, wieviel gerade er, die Straßenbahn überhaupt, mit der Verwurzelung zu tun hat. Es gibt zum Beispiel die Linie 11, in die mein Mann und ich an einem Juniabend vor vier Jahren gestiegen sind, um die Karl-Liebknecht-Straße entlang nach Connewitz zu fahren, zum St. Elisabeth-Krankenhaus, wo ich die erste meiner beiden Töchter geboren habe.

Unter noch kaum spürbaren Wehen bin ich mit der Straßenbahn zu einem Weltereignis in meinem Leben gefahren, habe also in und mit der Linie 11 eine Spur in der Stadt hinterlassen, durch Vervielfältigung und Reproduktion für einen winzigen Teil ihrer Geschichte gesorgt; wer hätte einmal so weit gedacht. Dabei verwurzele ich mich ja in einer Stadt, die mit einem ganzen Land untergegangen, aber in dem neuen Land, in dem sie sich nun befinden soll, keineswegs wieder auferstanden ist. Das Verwurzeln ist deswegen manchmal schwierig.

Eigentlich sind es zwei Städte auf einem Fleck, die neue über die alte gelegt. Nicht nur, was ihr Relief, ihr Gesicht betrifft – mit Straßen, Schienennetzen, Gebäuden – ist dieses heutige Leipzig nichts anderes als eine Überstülpung über das alte, mir unbekannte Leipzig, das vor vierzehn Jahren noch existiert haben muss. Wenn ich durch die Stadt gehe, bewege ich mich bloß auf einer über das frühere Leipzig gegossenen Schicht. Unter dem Universitätsgebäude ist die Kontur des alten Universitätsgebäudes zu ahnen wie unter dem Augustusplatz der alte Augustusplatz.

Auch die Worte, das Lachen und Weinen, das Kindergeschrei, die Töne Leipzigs also, die auf diesem Relief erklingen, sind nur eine Übertönung, unter der man die alten Klänge täglich heraushört, aber der Abguss und der Mitschnitt sind nicht starr, sondern veränderbar, jeden Tag ist wieder etwas neu moduliert worden, ein Fußweg oder ein Wort, und manchmal gibt der Überzug sogar nach und reißt auf, man sinkt mit einem Fuß ein und stößt erstaunt auf die darunterliegende Schicht.

Einmal gelangte ich auf einem Spaziergang mit meinem Mann zum Grundstück der ehemaligen Theaterhochschule im Musikviertel. Es ist von einer Mauer umgeben, die über ihre gesamte Länge besprüht war. Parolen lagen in mehreren Schichten übereinander, einige kaum noch zu entziffern, dazu verrenkten sich in einer Tanzbewegung erstarrte Figuren, denen meistens das Gesicht fehlte. Mein Mann, der zur Zeit der Wiedervereinigung in Leipzig studiert hatte, sagte, auch er habe hier etwas hingesprüht, in einer Januarnacht 1990, mit einer Westspraydose Autolack und der Empörung eines Vierundzwanzigjährigen.

Es handelte sich um eine Gedichtzeile von Erich Mühsam: „... dann fallen Grenzen, bricht die Macht, und alle Welt ist Vaterland und alle Welt ist frei.“ Unter den Schichten aus neuen Parolen war noch etwas von dem Satz zu sehen, allerdings nur Reste der Worte „alle“ und „frei“, ein überwachsenes Bekenntnis: ... *alle frei*, das mein Mann empört und elektrisiert zugleich betrachtete. Wir sprachen den Satz wieder und wieder laut aus: Worte aus einer anderen Zeit, geschrumpft in die Jetztzeit transformiert.

Später fuhren wir mit der Straßenbahn nach Hause. Unsere gute Straßenbahn. Sie ist trotz allem einfach weitergefahren, und ich bin eine von denen, die inzwischen zugestiegen sind. Auch ich sitze in einem der alten Tatrawaggons, steige aus, steige ein, trage ein Stück zur Formarbeit bei, modelliere, hinterlasse Spuren, und gleichzeitig schlage ich bei all dem Wurzeln, von denen ich rätsele, wie tief sie reichen, ob sie durch den Abguss hindurch zur alten Oberfläche dringen, hier am Willy-Brandt-Platz zum Beispiel, der früher „Platz der Republik“ geheißen hat, aber ebenso nichts anderem als dem Warten diente. Genauso wie die Mauer im Musikviertel niemals eine andere Funktion gehabt haben kann als die einer freien Fläche, mit Parolen besprühbar, wie auch immer sie gerade lauteten. □

WHO IS WHO?

Simone Gertz, geboren 1973 im württembergischen Winnenden, lebt in Leipzig. Die Dozentin für kreatives Schreiben veröffentlichte Erzählungen und den Roman „Thirsty Dog – Die Tage der Demut“; mdr-Literatur-Preisträgerin 2002.

Franziska Gerstenberg, geboren 1979 in Dresden, lebt in Hannover. Sie war Mitherausgeberin der Literaturzeitschrift EDIT. Veröffentlichungen in Anthologien. 2004 erschien ihr Erzählungsband „Wie viel Vögel“ bei Schöffling & Co.

Juli Zeh, geboren 1974 in Bonn, Schriftstellerin und Juristin, lebt in Leipzig. „Adler und Engel“, ihr Debütroman, wurde vielfach ausgezeichnet. 2002 erschien die Bosnien-Reise-Erzählung „Die Stille ist ein Geräusch“ (beide Schöffling & Co.).

Anke Stelling, geboren 1971 in Ulm, lebt in Berlin. Gemeinsam mit Robby Dannenberg veröffentlichte sie die Romane „Gisela“ (Ammann) und „Nimm mich mit“. 2004 erschien „Glückliche Fügung“ (beide bei Collection S. Fischer).

Paula Schneider, geboren 1976, lebt in Leipzig und Berlin. Sie veröffentlichte Kurzgeschichten in Magazinen und Anthologien, zum Beispiel in „Der wilde Osten“ (Fischer Taschenbuch Verlag). Fürs erste Buch noch auf Verlagssuche.

Martina Hefter, geboren 1965 in Pfronten/Allgäu, lebt als Schriftstellerin in Leipzig. „Junge Hunde“, ihr viel beachteter Debütroman, erschien 2001. Für die Arbeit an ihrem zweiten Buch erhielt sie u. a. das Leipziger Literaturstipendium.

Ein Halleluja in Matrosenkluft

Der Thomanerchor ist einer der bekanntesten Chöre der Welt. Damit er es bleibt, gehören tägliche Proben zum festen Programm. Und auch sonst folgt das Leben der Sängerknaben besonderen Regeln • *Text: Emanuel Eckardt, Fotos: Sabine Wenzel*

A cappella in Vollendung: Der bald 800 Jahre alte Thomanerchor studiert mit höchster Professionalität komplexe Meisterwerke ein

Die Jünger Bachs sind auch nur Jungs: Im „Kasten", dem Internat der Thomaner, werden Flure zu Rennstrecken

Hosianna der Kirchenmusik: Johann Sebastian Bach steht im Zentrum des Repertoires, im Übrigen geht es quer durch Stile und Epochen

Hinter den Türen perlen die Etüden

Nach dem Konzert ist vor dem Konzert: Die Thomaner sind schon früh bühnenerfahrene Profis. Lampenfieber unterdrücken sie spielend

Vor der Flügeltastatur statt am Computer-Keyboard: Emanuel Jessel (links) und die zwei anderen Chorpräfekten bereiten eine Probe vor

Jauchzet, frohlocket: Der Chor absolviert jährlich mehr als 250 Konzerte. In den Kirchen Leipzigs, aber auch auf Tourneen in aller Welt

Abends lebt der Kasten auf. Im Halbstundentakt stürmen Chorknaben vom großen Waschsaal mit den Edelstahlmulden in die Schlafstuben im Obergeschoss, die „Zubettgehgruppe" der Jüngsten um halb neun, die nächsten um neun und so weiter bis zur zehnten Klasse um zehn. Um die Kleinen nicht zu stören, öffnen die Älteren leise die Tür. Quatschen ist streng verboten und wird mit Strichen bestraft. Vier Striche ergeben ein Pensum, gemeinnützige Arbeiten wie Laubfegen, so will es die Chordisziplin.

Die Schüler der Oberstufe entscheiden frei, wann sie ins Bett gehen. Um Mitternacht wird das Haus abgeschlossen. Dann ist Ruhe im Kasten, dem Alumnat (von lat. *alumnus*, der Zögling), in dem die Thomaner leben. Eine höchst lebendige, mittelalterliche Institution, Internat, Musikschule und Singakademie zugleich, eine klösterliche Welt, in der Kantaten, Motetten und Choräle, Oratorien und liturgische Gesänge erklingen, manchmal dreieinhalb Stunden am Tag. Im Zentrum dieser Exerzitien steht das Werk Johann Sebastian Bachs. Und immer heißt es SDG. „Soli Deo Gloria", allein zur Ehre Gottes. So hatte es der Komponist einst an den Anfang seiner Notenblätter geschrieben, ein bescheidener Diener seines Herrn.

Thomaner wird man mit zehn. „Für mich war es sehr schwer", erinnert sich Georg Christoph Biller, sech-

Der „Kasten“ ist keine Villa Kunterbunt

zehnter Thomaskantor nach Johann Sebastian Bach, und von 1965 bis 1974 Thomaner unter den Kantoren Erhard Mauersberger und Hans-Joachim Rotzsch. „Ich hatte schreckliches Heimweh und habe viel geweint. Aber das Singen war mir ein Trost.“

Tränen sieht man nicht, aber Teddybären und manch riesengroßes Kuscheltier. Bilder von zu Hause. Die meisten der Jungen kommen aus Leipzig und Umgebung, Sachsen, Sachsen-Anhalt. Die Leipziger dürften zwar zu Hause wohnen bleiben, ziehen aber das Leben in der Gemeinschaft vor und besuchen ihre Familien am Wochenende.

Nur wenige Thomaner kommen aus den alten Bundesländern, einer aus Österreich, einer aus Dänemark. „Ich langweile mich nie, auch wenn ich 600 Kilometer von zu Hause weg bin“, schwört Matthias Monrad-Møller, 15, aus Handewitt, „im Kasten gibt es immer was zu tun.“ – „Es ist natürlich einfacher im Doppelpack“, sagt Lucas Heller, 12, aus Bayern. Sein Zwillingsbruder Paul ist auch Thomaner und stimmt zu.

„Die Gemeinschaft kann die Eltern gewiss nicht ersetzen“, sagt Emanuel Jessel, 17, als dritter Präfekt unter anderem verantwortlich für das Einsingen und die Arbeit mit den Stimmgruppen, „aber die Kleinen kommen mit ihren Problemen zu uns. Wir sind wie große Brüder.“

Ein Problem kommt so sicher wie das Amen im Vaterunser: der Stimmbruch. Er setzt früher ein denn je, oft schon bei Zwölfjährigen, und frustriert den Kantor ebenso wie die Chorknaben. Man verstummt. Man wird „Dispi“, von allen Proben und Konzerten dispensiert, hilft als „Dispi Vesper“ im Speisesaal, geht als „Dispi Kofi“ einkaufen, bringt Briefe zur Post und sehnt sich nach der Zeit, wo das Singen endlich wieder losgeht.

Die Chorknaben besuchen die Thomasschule auf der anderen Straßenseite, ein seit 1796 neuhumanistisches Gymnasium mit Latein als erster Fremdsprache. An der Thomasschule werden auch Mädchen unterrichtet. Aber die Thomaner bleiben unter sich. Sie haben eigene Klassen mit oft nur zwölf Schülern und einen Lehrplan, der auf die vielen Chorproben Rücksicht nimmt. Im Augenblick ist es besonders eng. Kaum ist die Japan-Tournee zu Ende, beginnen die Proben zum Weihnachtsoratorium, in drei Tagen muss es sitzen.

„Und noch mal: Friede auf Erden!“ Kantor Biller will das „F“ im Frieden zehntelsekundengenau; er feilt am Sprachklang, poliert Konsonanten und Vokale. „Es heißt nicht *Häscher* sondern *Herrscher* des Himmels!“ Geduldig und konzentriert folgen die Sänger dem Kantor ins musikalische Hochgebirge dieses Oratoriums und lassen den Zuhörer fast vergessen, dass es Kinder und Jugendliche sind, die hier mit unglaublicher Professionalität ein komplexes Meisterwerk einstudieren. Himmelstöne einer anderen Zeit. Was für ein Klang! Knabenstimmen von kristalliner Reinheit, glockenhelle Tenöre, Bässe ohne Erdenschwere; 90 Chorknaben singen voller Hingabe ein Werk, das für sie geschrieben wurde. Vor 270 Jahren hat Johann Sebastian Bach das Weihnachtsoratorium in Leipzig mit diesem Chor einstudiert.

Da war der Kasten schon viele hundert Jahre alt. Das Thomasstift wurde 1212 gegründet, mit der Thomasschule, der ältesten Institution dieser Art in Deutschland und der Thomaskirche zu Leipzig, eine feste Burg des Glaubens im Wüten der Welt. Sie wurde gestürmt, beschossen und bombardiert, diente als Militärlager und Pferdestall, als Lazarett und Zuflucht für Bombenopfer. Vor allem aber ist sie eine Kirche der Musik.

Am 5. Mai 1723 unterschrieb Johann Sebastian Bach den Vertrag als Thomaskantor. Der Vater von 20 Kindern versah diesen Dienst bis zu seinem Tod 1750 und komponierte in den 27 Leipziger Jahren sein Hauptwerk, hunderte von Kantaten und Motetten, Klaviermusiken, Partiten, Orchester- und Orgelwerke, große Oratorien. „Wenn ich an das Pensum denke, das er bewältigt hat, kann ich nur staunen“, sagt Biller, der nicht von Woche zu Woche komponieren muss, was er mit dem Chor einstudiert. „Mir hängt trotzdem oft die Zunge raus.“

Bachs kleiner Thomanerchor musste bei jedem Wetter hinaus, zum Leichensingen mit Dreispitz und Chorumhang, die Ärmsten unter den Knaben gingen barfuß. Lange gehörte das Absingen von Chorälen an Hinrichtungstagen zu den Pflichten der Thomaner, die den Delinquenten zum Richtplatz begleiteten.

Wahrscheinlich würde es den Chor nicht mehr geben, hätte nicht Felix Mendelssohn Bartholdy, später Kapellmeister des Gewandhauses zu Leipzig, 1829 den fast vergessenen Bach aus der Versenkung geholt, und mit der Aufführung der Matthäus-Passion eine wahre Bach-Renaissance ausgelöst, die bis heute andauert.

1902 wurde die alte Thomasschule an der Kirche abgerissen. Die Domherren brauchten Platz; der Chor zog in das Alumnat an der Hillerstraße 8. „Der Kasten war eine eigene Welt. Sie schützte vor den Nazis und später vor den Versuchen der DDR, den Chor zu instrumentalisieren“, erzählt Kantor Biller. „Nach der Wende gab es den Drang, alle Autorität abzustreifen; das Alumnat wurde als eine Form von Freiheitsberaubung angesehen. Inzwischen hat es sich als Teil der Stadtkultur wieder etabliert. Heute schützt es die Thomaner vor der Kommerzialisierung des Lebens.“

Der Kasten verströmt alles andere als klösterliche Stille. Das stürmische Fugato der Schlappen auf den Treppen wird von wildem Geschrei begleitet. Bewegungsdrang macht sich

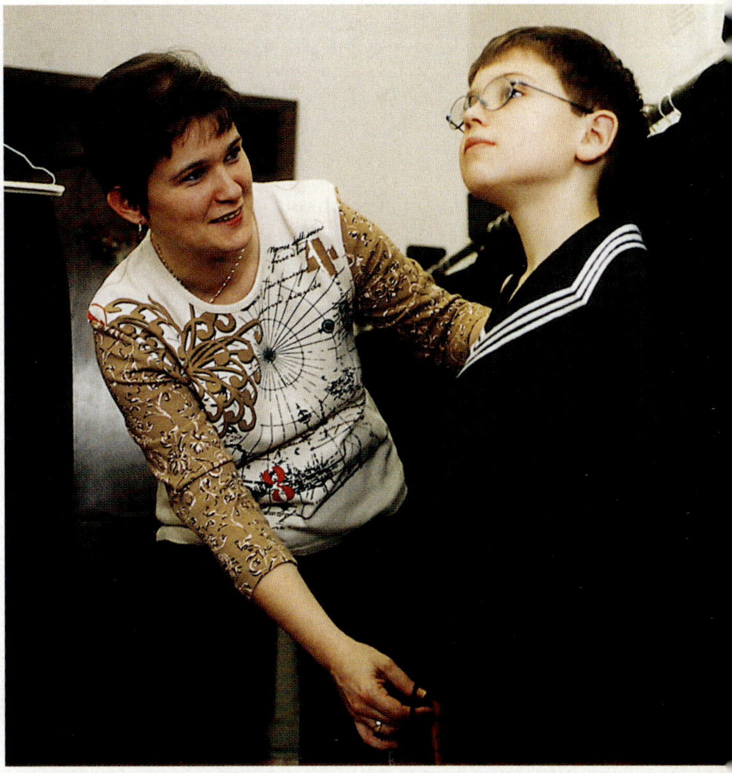

Exerzitien kontrollierter Freiheit: Wenn Thomaskantor Georg Christoph Biller (u.r.) die Arme hebt, dann heißt das für den Chor „silentium" und Konzentration aufs Einsingen. Eine Schneiderin kümmert sich um den Sitz der Kieler Blusen, derweil Matthias Monrad-Møller (Mitte links) unter Bachs Konterfei Latein paukt. Nur die knapp bemessene Freizeit zwischen Morgen- und Abendtoilette können die „Thomasser", wie sich die Jungs selbst nennen, „ad libitum" gestalten – „nach Belieben", sagen sie

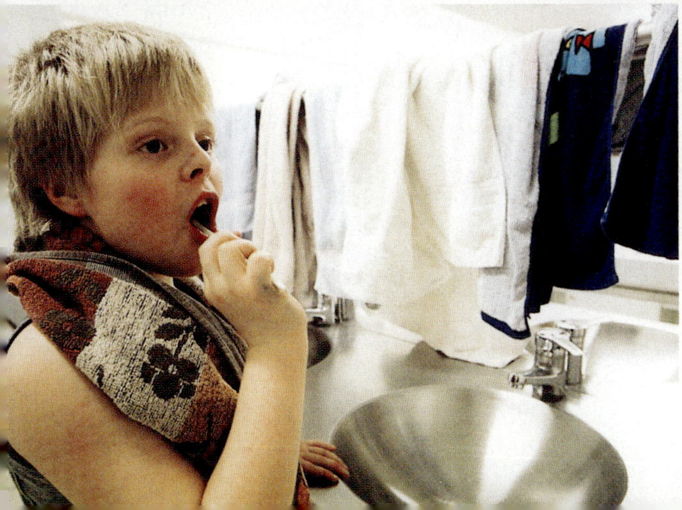

Jede Musik ist möglich. Nur keine Schlager

Luft. Aber über allem herrscht ein ungeschriebenes Gesetz, das Kasten-System. Nicht nur Dispis haben Pflichten. In jeder Ecke des Hauses walten Warte ihres Amtes: Flurdienstwart, Sportwart und Videowart, Spielewart, Kofferbodenwart und sechs Duschwarte. Der Tonicus nimmt Motetten auf. Drei Praefekten stehen an der Spitze der Cantokratie. Die Großen übernehmen die Verantwortung für die Kleinen; die Kleinen wachsen in die Verantwortung hinein. Die vierte Klasse stellt die Flügelputzer, die fünfte die Notenträger, die sechste die Stühlesteller und die siebte den Siebtendienst (Bäder und Toiletten sauber wischen). Die achte Klasse fegt die Flure und bringt den Müll runter, die neunte hat Stubendienst und wischt die Tische sauber.

Doch das sind Nebentätigkeiten. Meistens macht der Kasten Musik, klettern Knabenstimmen in höchste Lagen, perlen Etüden hinter den Türen. Instrumentalunterricht ist Pflicht. Jeder Thomaner beherrscht mindestens ein Musikinstrument, überwiegend Klavier, aber auch Geige, Cello und Trompete. Es gibt drei Orgeln, zwei Kantorenflügel, 40 Klaviere in Stimmzimmern und Probenräumen, aber nur drei Fernseher. Wer fernsehen will, muss das anmelden. Wer Besuch von einer Freundin haben will, auch. Aus Emanuels Zimmer tönt Reggae. „Im Haus gibt es alle Musikrichtungen. Nur keine Schlager. Und keine Volksmusik!"

Thomaner sind, wenn sie erst einmal die Klippen des Einstiegs überwunden haben, eine verschworene Gemeinschaft. Sie halten zusammen. Nicht selten gründen sie nach dem Abitur eine WG. Aber nur die wenigsten werden Profimusiker. Dass sie a-cappella-Chöre gründen wie die „Prinzen" oder das „ensemble amarcord" bleibt die Ausnahme. Viele Thomaner werden Anwälte oder Ärzte. Doch weil viele Kinder Computer faszinierender finden als Notenblätter, haben die Thomaner ein Nachwuchsproblem. In den Familien wird kaum noch gesungen; weder Musikunterricht noch Kindergottesdienst können diese Lücke füllen. Zwar melden sich mehr Knaben, als die Thomaner aufnehmen können, aber es sind eben nur 50 statt der 200 zu DDR-Zeiten. Und nur wenige bringen die Voraussetzungen mit, die früher selbstverständlich waren. Deshalb wirft der Thomanerchor die Angel schon unter den Abc-Schützen aus. Die singen sich schon mal ein, in eigens für sie eingerichteten ersten Klassen.

Freitag vor Weihnachten. Dunkel ragt das Schiff der Thomaskirche in den Abend, ein Fels in der Shoppingbrandung, umtost vom Stille-Nacht-Gedudel und den Trillerpfeifen einer Studentendemo. Draußen Glühwein und Lichterketten, drinnen erwartungsvolle Stille. Die Kirche ist bis auf den letzten Platz besetzt. Rosen liegen auf der Grabplatte von Johann Sebastian Bach. Die Thomaner versammeln sich auf der Empore, die Kleinen in „Kieler Bluse" mit Matrosenkragen, die Großen in blauen Anzügen mit Krawatte. Hell klingen die Trompeten des Gewandhausorchesters und, über dem machtvollen Klanggebäude der Orgel, die Himmelstöne der Thomaner. Friede auf Erden. Und den Menschen ein Wohlgefallen. Man muss nur in ihre Gesichter sehen. □

Emanuel Eckardt, *61, freier Autor in Hamburg, kann sich ein Leben ohne Johann Sebastian Bach nicht vorstellen.* **Sabine Wenzel,** *37, Fotografin in Berlin, studierte an der Hochschule für Grafik und Buchkunst in Leipzig. In diesem Heft porträtierte sie auch den Hauptbahnhof (S. 84) und den Zoo (S. 100).*

MERIAN | TIPP Thomaner-Konzerte und CDs

Konzerte: Motetten und Kantaten
Der Thomanerchor singt allwöchentlich in der Thomaskirche Leipzig: **Freitag 18 Uhr** (Motette), **Samstag 15 Uhr** (Motette und Kantate) und **Sonntag 9.30 Uhr** (im Rahmen des Gottesdienstes). Fr und Sa Einlass jeweils 45 Minuten vor Konzertbeginn, 1 Euro Eintritt. Häufige zusätzliche Konzerte. In Ferien- und Tourneezeiten der Thomaner singen andere Chöre.

Johann Sebastian Bach, Die Motetten BWV 225-230
Schöne Interpretation, klar und innig. Thomaner, Capella Thomana, Leitung: G. C. Biller. **CD Philips 456 422-2.**

Johann Sebastian Bach, Motetten II
Aufnahme, die zu den persönlichen Favoriten von Kantor Biller gehört. Thomanerchor Leipzig, Baroque Brass of London, Capella Thomana, Leitung: G. C. Biller. **CD Philips 462233-2.**

Bach auf hohem Sockel: sein Denkmal auf dem Thomaskirchhof

Singet dem Herrn ein Lied, Motetten aus sechs Jahrhunderten
Highlights verschiedener Komponisten. Thomanerchor Leipzig, Leitung: Georg Christoph Biller, **CD Philips 446 345-2.**

>> weitere Tipps im Infoteil ab Seite 120

Liebe in Zeiten der Revolution

Er kommt aus Washington nach Leipzig, um in der Nikolaikirche den gesellschaftlichen Umbruch mitzuerleben. Sie ist keine, die frontal gegen die DDR kämpft. Doch beide bleiben nicht stehen bei dem, was sie trennt. Irgendwann leben sie in der gleichen Welt

Text: Michael Kraske, Foto: Ute Mahler

Sonne der Gerechtigkeit, gehe auf in dieser Zeit. Mehrere hundert Menschen in der Nikolaikirche singen den Hit der Revolution. Aber Raimund hört nur die helle Stimme von Waltra. Sie sitzen nebeneinander auf der Empore neben den palmenartigen Säulen, unten in der Halle singen Revolutionäre, Touristen und Stasi-Spitzel das Lied von einer besseren Zeit. Raimund hat keine Augen für die Menge, immer wieder sieht er von der Seite Waltra an.

Dieser 29. Januar 1990 ist der Beginn einer deutsch-deutschen Liebe. Da ist Waltra, 31 Jahre alt, die von ihren Eltern christlich erzogen wird und deshalb kein Abitur machen darf, die früh lernt, Umwege gehen zu müssen. So lernt sie Maschinenbauzeichnerin, macht später das Fachabitur an der Abendschule, studiert Maschinenbau und arbeitet schließlich als Gemeindepädagogin. Eine staatlich verschuldete Zickzackbiographie, die eine kreative, zupackende Frau geformt hat. Mit der Gruppe der Jugendlichen, die sie 1989 leitet, betet und singt sie, und sie sprechen immer häufiger auch über die Missstände in der DDR. Waltra hat erlebt, wie die Stasi Jugendliche beschattet und willkürlich weggegriffen hat.

Raimund hat früh die Welt gesehen. Der kleine Mann mit den klugen Worten ist als Dreijähriger mit seinen Eltern aus Leipzig nach Indien gezogen. Später lebt er in Erlangen, studiert dann in Paris und Washington Politikwissenschaft. Als er in Amerika vor dem Fernseher sitzt und die tanzenden Menschen auf der Berliner Mauer sieht, läuft ein anderer Film durch seinen Kopf. Verschwommene Erinnerungen an allererste Freunde, Spaziergänge durch die Straßen von Leipzig, die zurückgelassene Kindheit.

Raimund kommen die Tränen. Die Politik geht ihm ans Herz, denn die friedliche Revolution begann in der Leipziger Kirche, wo sein Großvater einst auf der Kanzel stand. Er verspürt eine tiefe Sehnsucht, an den Ort zu gehen, an dem er geboren wurde und der jetzt Geburtsort einer neuen Zeit ist.

Mit Waltra und Raimund prallen zwei Welten aufeinander: ihre praktische und seine geistige, ihr Osten, wo sie mit Tausenden um den Leipziger Ring marschierte, und sein Westen, wo er in die berühmten Bibliotheken großer Metropolen pilgerte. Sie kennt Maschinenöl, er weiß, welche Hebel politische Systeme bewegen. Nach dem Friedensgebet, auf dem Marsch über den Ring, kritzelt Raimund ihr seine Telefonnummer auf einen Zettel. Ihr erster Gedanke, als er sie über die Revolution ausfragte, war: „Der weiß ja schon alles. So ein richtiger Besserwessi." Am Ende ruft sie ihn doch an, weil sie ihm zeigen will: „Ich war dabei, nicht du."

„Ich sah, wie die Mauer geöffnet wurde – das war der schönste Moment in meinem Leben", erinnert sich Raimund

Zwei Monate später lädt Raimund Waltra ins Café Einstein in Berlin ein. Sie plaudern sich durch Apfelstrudel und Kaffee. Raimund erzählt vom Studium an der Sorbonne in Paris, den Nächten in den Cafés des Quartier Latin, von der Zeit in Washington, wo er in Denkfabriken über Alternativen zur Politik im Weißen Haus grübelte. Rastlos kommt er ihr vor, einer, den es von einem Ort zum anderen getrieben hat. Wie einen Nomaden. Das reizt sie. Es ist, als hätte er das Leben gelebt, das sie sich mit der Hilfe von Büchern ausgemalt hat. Raimund ist das Abbild ihres Fernwehs.

Es dauert noch einige Monate, bis sie ein Paar werden. Abends erzählen sie sich am Telefon Geschichten aus ihren Leben, schreiben lange Briefe. Raimund erfährt, wie Waltra im Studium mit Zahlen und Formeln gerungen hat, bis sie in der Kirche einen Job fand, der sie glücklich macht, weil sie da mit jungen Menschen ringen darf. Waltra ist fasziniert, wenn Raimund vom Guggenheim Museum in New York erzählt. Er kennt, wovon sie träumt. Im August besucht Raimund Waltra an der Ostsee, wo sie Jugendliche aus Leipzig in der Sommerfreizeit betreut.
Sie sitzen gemeinsam ums Lagerfeuer, einer spielt auf der Gitarre Kirchenlieder und Songs von Bob Dylan. Waltra und Raimund gehen spazieren, das Brodeln der Gischt in den Ohren, den salzigen Wind im Gesicht. Vor dieser Kulisse werden sie ein Paar.

Als Raimund 1991 nach Leipzig zieht, um eine Stelle beim amerikani-

Sie organisiert das Glück der kleinen Dinge, er ist Herr über das große Ganze

schen Generalkonsulat anzutreten, ist Leipzig nicht mehr die DDR und noch nicht der Westen. Hütchenspieler lungern vor der Mädlerpassage herum, Supermärkte bieten in Containern die schöne neue Warenwelt an, und auf den Hausdächern stehen die alten dummen Parolen: „Standardisierung fördert den internationalen Handel." Die Nerven zwischen Ossis und Wessis liegen blank. Wer statt eines Broilers im Restaurant ein Hähnchen bestellt, holt sich schon mal einen verbalen Faustschlag des Kellners ab. Die Ostdeutschen sind auf Blender in gut geschnittenen Anzügen reingefallen, haben sich Schrottautos aufschwatzen lassen und überteuerte Versicherungen.

Für Waltra und Raimund ist ihr gemeinsames Leben eine Expedition in ein unbekanntes Land. Raimund öffnet bei Waltra die Schränke und ist verblüfft. Dutzende Einmachgläser stapeln sich übereinander. Die Schubladen sind voll gestopft mit Dosenöffnern. Er ist auf die klassische Lagerhaltung der DDR gestoßen. Alles aufheben, es könnte ja mal knapp werden. Für Raimund steht fest: „Bei dir muss mal richtig ausgemistet werden!" „Ihr Wessis kauft euch ja alles neu", sagt Waltra. „Was willst du denn mit dem Krempel?", setzt er nach. „Bürgersöhnchen!"–„Bauerntochter!"

So übersteigern sie ihre unterschiedliche Herkunft bis zur Karikatur. Sie schaffen, was vielen Ossis und Wessis nicht gelingt. Sie legen Unterschiede bloß, bleiben jedoch nicht bei dem stehen, was sie trennt. So machen sich die beiden auf eine Entdeckungstour zueinander und in das sich neu erfindende Leipzig. Genießen das Leben in einer Stadt, die jeden Tag neu ist. Die renovierten Cafés und Geschäfte zwischen den Baukränen und Gerüsten machen sie zu ihrer gemeinsamen Heimat. Raimund hat mit Waltra gefunden, was er in Amerika und Frankreich vergeblich suchte. Zum ersten Mal in seinem Leben denkt er: „Ich bin nach Hause gekommen."

Am 29. Oktober 1994 stehen Waltra und Raimund vor dem Altar der Nikolaikirche. Ihre Hochzeit ist wie ein Déjàvu. Sie singen „Sonne der Gerechtigkeit", wie damals.

Die deutsch-deutsche Annäherung hört mit dem Happy-End nicht auf. Raimund liegt auf dem Sofa und liest, als es klingelt. „Es ist doch Mittagsruhe", denkt er, „wer kann das denn jetzt sein?" Er geht zur Tür, und davor stehen gemeinsame Freunde. „Können die sich nicht anmelden?", denkt Raimund. Doch Waltra freut sich, kocht Kaffee und findet irgendwo auch ein paar Plätzchen. Seine Mittagsruhe ist dahin, und sie hat eine gute Zeit, die ein bisschen so ist wie früher. Wenn Raimund später sagt: „Der Ossi kann sich schlecht in andere hineinversetzen", entgegnet Waltra: „In der DDR gab es kein Telefon. Da hat man sich eben einfach besucht. Und wenn dann fünf Leute mehr da waren, hab ich Wasser in die Suppe gekippt." So übersetzen sie sich die Codes, die im Alltag aus der Zeit vor der Wende übrig geblieben sind. Und tolerieren, dass die unterschiedliche Wünsche produzieren können.

Leipzig, heute. Raimund und Waltra erinnern sich. Er arbeitet als politischer Berater für die sächsische SPD, sie ist wieder Gemeindepädagogin in der Nikolaikirche. Sohn Albert ist jetzt acht Jahre alt.

In der Nikolaikirche wurde nicht nur Deutschland umgekrempelt, sondern auch ihr Leben. Die Revolution ist ihre gemeinsame Schatztruhe.

Die Nikolaikirche hat Waltra die Freiheit geschenkt zu gehen, wohin immer sie mag. Sie war in Paris und blieb in Leipzig

Sie versuchen nicht, einander die biographischen Kanten wegzuschleifen. Waltra fährt noch immer durch die halbe Stadt, um bei einem Bäcker Brötchen zu kaufen mit einem Sauerteig, der nach DDR schmeckt.

Zu Raimunds 40. Geburtstag schenkte Waltra ihm ein Schild, wie es auf Fernzügen angebracht ist. Leipzig-Madras-Bangalore-Erlangen-München-Paris-Washington-Berlin-Leipzig stand da in schwarzen Lettern. Eine lange Route. Manchmal denkt Waltra an ihre eigene: Chemnitz-Leipzig. Drei Städte, denkt sie dann, weil Chemnitz früher Karl-Marx-Stadt hieß. „Wenn ich Raimund nicht kennen gelernt hätte, wäre ich sicherlich nicht mehr hier", sagt Waltra. □

Ute Mahler *hat sich mit ihrer sensiblen Porträtfotografie einen Namen gemacht.*

KOMM IN

Lichthöfe öffnen die Promenaden des 267 Meter langen Querbahnsteigs, der Zentralachse mit drei Ebenen. Links begrenzen die Eingangshallen und rechts die Bahnsteige diesen riesigen Parcours

DIE KATHEDRALE

Der Leipziger Hauptbahnhof, der größte Kopfbahnhof Europas, wurde nach gigantischem Um- und Ausbau zur Stadt in der Stadt. Er zieht täglich 150 000 Menschen an, von denen aber nur 90 000 zu den Zügen wollen

Text: Judka Strittmatter, Fotos: Sabine Wenzel

Im dichten Minutentakt: von der Schiene in die Luft und umgekehrt

Modern times: im prachtvollen Sächsischen Empfangssaal

Shoppingmall: Jeder Vierte kommt zum Bummeln

Im Wandel der Zeit: die vierte Uhren-Generation seit 1915

UND ZÜGE FAHREN HIER AUCH

Klar doch, sie haben den Größten und Schönsten. Jetzt auf jeden Fall. War ja nicht immer so, früher, als noch DDR war. War lange grau hier, düster und fad. Dampflokverrußte Luft in kalten Hallen, unbeheizte Züge in Frostwintern, laue Bockwürste in der Freudlos-Mitropa und Kellner, die auf Nachfragen pampig konterten: „Wenn Sie was Warmes wollen, bestellen Sie doch 'n Bier." Vorbei das, vergessen. Verbracht auf die Müllkippe der Geschichte, wo auch der Intershop, der Laufmaschen-Eildienst und der HO-Reisebedarf aus der Ost- und Westhalle kompostieren. Nur Blumen-Hanisch haben die Zeiten nicht viel angehabt: Seit 1913 geht Florales gut.

Und heute? Alles scheene. Und härrlisch jetzt, hier uff'n Käffschen nei' zuschaun. Die freundlichen Damen der VitaMix-Saftbar beim Wenden ihrer Crêpes zu beobachten. Weiter zu schlendern zu Hallhuber, zu stöbern bei Bijou Brigitte. Pullover, Taschen, Schnickschnack – alles da jetzt. Glatt vergessen könnte man, dass hier auch Züge fahren, Gepäck verladen wird, Fahrpläne den Tag korsettieren. Pärchen im Trennungsweh vor offenen Zugtüren schnäbeln und Geschäftsleute mit fliegenden Rockschößen ihren ICE entern. Glatt übersehen könnte man, dass hier ein Bahnhof ist. Europas größter Kopfbahnhof. Leipzigs Hauptbahnhof.

Alles hell und bunt und flirrend, seitdem das „Unternehmen Zukunft" am Willy-Brandt-Platz seine Vision von der Symbiose „Reisen und Shoppen" verwirklicht hat. Ihre Immobilie Hauptbahnhof hat die Bahn dafür verpachtet, in einem Erbbaurechtsvertrag, erstmal auf 70 Jahre. An die ECE Projektmanagement GmbH & Co. KG, den Major Player in Sachen Einkaufszentren. Seit 1997, als die „Promenaden Hauptbahnhof Leipzig" eröffnet wurden, wuseln nun täglich rund 150 000 Menschen zwischen Ost- und Westhalle hin und her, jeder Vierte kommt allein zum Kaufen, auch mit dem Zug, von außerhalb. Vergessen alle Unterschriftenlisten, verdrängt jede Skepsis und Meckerei, einem Kulturdenkmal „drohe Verstümmelung", einem Bahnhof könne man kein Einkaufszentrum einpflanzen, schon gar nicht eins dieser Größe, schon gar nicht vis-à-vis der Innenstadt. Denn: Geht das überhaupt? Gepflegt Geld ausgeben in einer Umgebung, deren Ruf von je her „zwielichtig" und „schmuddelig" ist? In der Obdachlose, Drogendealer unterwegs sind?

Abseits der Glitzermall: Wann und wo fahren die 980 Züge?

Sechs Jahre später winken alle ab. Politiker, Handelsunternehmer, Eisenbahnfreunde, Einkaufstouristen. Singen Elogen, prahlen mit Bilanzen, halten Ertragsrechnungen hoch. Sprechen von einer „Kathedrale des Konsums", wahlweise von einer „des Verkehrs" oder bedienen sich, wie Thomas Sänger, einer Computer-Diashow, um das Unfassbare in Bildern darzulegen: die „Bahnhofsrevitalisierung". Sänger, durch diverse Chefposten in anderen Einkaufszentren gestählt, ist ein Mann mit flotter Zunge und schneller Hand. Sein Schreibtisch steht in einem Bürotrakt in der Osthalle, er aber ist immer nah dran. Mindestens einen Gang pro Tag, sagt er, mache er durch den „Mieter- und Branchenmix", den sie da auf 30 000 Quadratmetern angesiedelt hätten. 140 Geschäfte und Läden, Kioske und Shops. Nicht zu vergessen: Entertainment, das ganze Jahr. Autogrammstunden mit Peter Maffay, Modenschauen mit dem Bahnpersonal, Ausstellungen des regionalen Handwerks, eine Indoor-Eisbahn und und und. Sogar aus den Golfstaaten rauschen Delegationen in sein Büro und wollen etwas über das Erfolgskonzept EKZ Made in Germany wissen. Das da wäre im Falle Leipzig: Nicht auf der grünen Wiese hätten sie, von der ECE, bauen wollen, sondern ein „Haus mit Seele" nutzen, eins, das den Leipzigern vertraut ist wie die „Blechbüchse" (Kaufhaus) oder der „Weisheitszahn" (Uniturm).

Der Bahnhof war da erste Wahl. Weil er Platz bot und eine Aura. Eine Geschichte zumal, die es in sich hat. Hier vorbei liefen im Herbst '89 die Montagsdemonstranten, hier auf dem Dach legten findige Städter Kohl- und Kartoffelbeete gegen den Nachkriegshunger an, hier hielt 2001 erstmals der ICE auf seiner Fahrt von Hamburg nach München. Wie viele andere außergewöhnliche Züge auch: Hamster- und Flüchtlingszüge nach dem Krieg, Sonderzüge in die DDR zu Messezeiten.

Und war der Bahnhof nicht auch Filmset für die DEFA – selbst für Hollywood? Mit Hakenkreuzfahnen an den

Leipzig Hbf: 1,3 Millionen Kubikmeter umbaute Fläche

Gleisen, Mitte der Achtziger? Der Brandauer in Mephisto? Ja, er war.

All das ist ferne Zukunft noch, als sich im Deutschen Reich des Jahres 1906 mehr als 70 hoch dekorierte Architekten an ihre Reißbretter begeben. Ihre Order: Die Empfangshalle für einen „Centralbahnhof" sollen sie entwerfen. Und nicht kleinlich dabei sein. Leipzig, prosperierende Messe- und Handelsstadt, verlangt nach Repräsentativem. Zwei Staatsbahnen, die sächsische und die preußische, müssen unter ein Dach gebracht werden, dazu der Verkehr von sechs Einzelbahnhöfen. Die Fachleute zeichnen, vom Ehrgeiz angestachelt: Kuppeln, Säulen, Türme – nichts an Bombastik lassen sie aus in ihren Skizzen.

Den ersten Preis gewinnt das Architektenduo William Lossow und Max Hans Kühne, dessen Entwurf unter dem sinnlichen Titel „Luft und Licht" firmiert und zwei Eingangshallen, einen 267 Meter langen Querbahnsteig, 26 Gleise sowie ein kassettiertes Tonnengewölbe vorsieht. Das Ganze darf die Aura einer römischen Therme verstrahlen. Drei Jahre später, 1909, nehmen sich die Fachleute die Bahnsteighallen vor. In sechs Jahren, bis 1915, entsteht der Hauptbahnhof, werden die drei nah beieinander liegenden Bahnhöfe – Magdeburger, Thüringer und Dresdner – die ihren Dienst Mitte des 19. Jahrhunderts noch als „Personeneinsteigschuppen" begannen, abgetragen. Das benachbarte Sumpfgebiet um das Flüsschen Parthe wird trocken gelegt, 3125 Gründungspfähle ins Erdreich gerammt und tausende Kubikmeter Sand für das Schienenbett aufgeschüttet. Das nämlich soll ein paar Meter höher liegen als die Ebene des Vorplatzes. Von Westen nach Osten wächst und wuchert nun der Bahnhofsbau, der kolossale Korpus, geschichtet und geformt aus gelblichem Elbsandstein, Beuchaer Diorit und Stahlbeton. Beim Ausschachten fördern die Arbeiter Gehörne aus alten Gerbereien und Kanonenkugeln aus der Völkerschlacht zu Tage.

Preußen und Sachsen zu gleichen Teilen bedenkt der Bau: mit Wartesälen und Gepäckräumen, Wirtschaften und Bäckereien, Polizei- und Posträumen, einer Auswanderer-Registrierstation, Fürstenzimmern, Wohnungen für das Bahnpersonal. Preußen in der Westhalle, Sachsen in der Osthalle, schwarz-weiß-rot beflaggt die eine, grün-weiß die andere. Jede Station hat ihren Vorsteher, und beide, so kolportieren Zeitzeugen, treffen sich jeden Morgen um neun an der imaginären Grenzlinie in Höhe von Steig 13 und 14 zum Uhrenvergleich. Bis 1934 geht das so.

Leipzig ist glücklich, und alle kommen, um zu schauen. Sachsens Staatsminister, Herr von Seydwitz, holt weit aus: Von einem „Markstein in der Geschichte des europäischen Eisenbahnwesens" sei zu sprechen. Zur „Schlusssteinweihe", am 4. Dezember 1915, wird den anwesenden Honorationen Deftiges gereicht: Kraftbrühe in Tassen, gespickter Kalbsbraten, zum Schluss Dunstobst.

In den Folgejahren bleibt Leipzigs Vorzeige-Immobilie Projektionsfläche für Visionäre: In den Dreißigern brüten ungestüme Stadtentwickler über der Idee, einen Flugplatz auf dem Dach zu installieren – das Vorhaben wird verworfen. Auch eine Untergrundbahn, gebaut im Tunnelreich unter den Gleisen, bleibt Theorie. Hitlers Krieg lässt Leipzig leiden: Am 4. Dezember 1943, Bahnhofs 28. Geburtstag, bombardieren Engländer die Sachsenmetropole; am 7. Juli 1944 versinkt der Querbahnsteig in Schutt und Asche. Der Bahnhof, jetzt ohne Rumpf, wird wieder aufgebaut, als DDR ist. Ute Stuhr, einst Facharbeiterin für Eisenbahntransporttechnik, heute Chefin des DB-Managements, erinnert sich an eine Kegelbahn, an einen Kindergarten, an Wohnungen unterm Bahnhofs-

Von Ebene zu Ebene: Rolltreppen und gläserne Fahrstühle

In frischem Glanz: der Preußische Empfangssaal nach dem Umbau zur DB-Lounge, neudeutsch für „Wartehalle“

Bezeugt die wundersame Verwandlung des alten Bahnhofs: die futuristische Rotunde unter der Westhalle

MERIAN | INFO Hbf.

Ursprünglich hatte der Hauptbahnhof 26 Bahnsteige, 2 davon werden heute als Parkdeck, einer als Museumsgleis genutzt. 980 Züge fahren in das Gebäude täglich ein und aus. Im Bahnhofsgelände liegen 89 Kilometer Gleisanlage, sind 388 Weichen in Betrieb, wird der Ablauf über 19 Stellwerke, 44 Lichthauptsignale und 119 Rangiersignale geregelt. Die Spannweite der Überdachung des 267 Meter langen Querbahnsteigs beträgt 36 Meter, die der sechs inneren Hallen jeweils 45 Meter, die der äußeren jeweils 15 Meter. Im Bahnhof sind täglich bis zu 150 000 Menschen unterwegs, davon mindestens 90 000 Reisende. Zu ihren Diensten stehen mehr als 200 Mitarbeiter des DB-Personals. Gepäck kann in 580 Schließfächern verstaut werden, 150 Videokameras zeichnen das Geschehen im Bahnhof auf, dessen Kubatur, der umbaute Raum, 1,3 Millionen Kubikmeter umfaßt. Gegen den permanenten „Zug" arbeiten 6 Techniker an, die 7 Lüftungszentralen, 3 Kälte- und 2 Wärmezentralen überwachen. Beim Umbau 1996/97 wurde eine „Taubenvergrämungsanlage" installiert, seither leben im Bahnhof nur noch 5 Tauben, die von den Bahnleuten getauft worden sind: Erna, Berta, Frieda, Otto und Fritz sitzen meist in der Osthalle.

dach, auf dem die Eisenbahner-Wäsche flatterte. An eine Turnhalle, in der sie, selbst noch Kind, zum Sport antrat. Doch auch an Herzzerreißendes in den Wendewirren. Familien gehen auseinander, Menschen stürmen Züge in den Westen, manchmal bleibt ein Kinderwagen stehen, aus dem noch Babyschreien tönt. Die Stasi nistet in den Bahnhofs-Katakomben, sie observiert die Mitbürger mit Pass. Transitreisende kommen nicht in die Halle, ihre Züge, Korridorzüge genannt, werden über den Güterbahnhof umgeleitet.

Doch vorbei das, vergessen. Verbracht auf die Müllkippe der Geschichte. Und Licht und Luft jetzt, Glas vor allem. Springbrunnen und Palmen. Und ein Bahnhof, der im Alltag die perfekte Bühne ist. Für eine Autoausstellung des Design-Papstes Luigi Colani und für Wahlkampfredner der Sachsen-SPD. In der Osthalle tritt das ZDF auf, in der Westhalle der MDR an. Im Scheinwerferlicht der Kameras wird Politik seziert und der Bürger, der vom Zug kommt, ans Mikrofon gebeten. Eine „Stadt in der Stadt" pulst da im Herzen Leipzigs und nimmt nur wenig Rücksicht auf Historisches: Im Preußischen Empfangssaal ist heute die DB-Lounge, im Sächsischen hält eine Klamotten-Kette Hof. Die Jahre haben auch das Interieur geschliffen: Schon die vierte Uhren-Generation tickt in den Bahnhofshallen. Wegrationalisiertes aber soll wieder kommen: Taschenträger, Duschkabinen.

Und *er* kommt auch, 2009 soll er fertig sein: der City-Tunnel. Vier Kilometer Schienenstrang, Nord-Süd-Verbindung, ein Ausweg aus der Sackgasse Kopfbahnhof. Das hält die Eisenbahnfreaks friedlich, die sich beim dritten Um- und Ausbau ihres Bahnhofs noch düpiert vorkamen. Von 26 Gleisen sollten drei verschwinden – für ein Parkhaus in der Bahnhofshalle. Doch damit wäre Leipzig gegenüber dem Konkurrenten Frankfurt geschrumpft. Affront!, entrüsteten sich die Bahnhoffans. Und durften Gleis 24 als Museumsgleis behalten.

Bei soviel Um- und Aufschwung fallen auch kleine Reibereien zwischen Bahn und ECE nicht weiter ins Gewicht. Zum Beispiel, wenn einer der beiden Sicherheitsdienste einen Randalierer aufs Terrain des anderen verschiebt. Von den Bahnsteigen ins EKZ oder umgekehrt. Petitessen das, Zipperlein im Riesen-Organismus Hauptbahnhof. Was zählt, ist hinlänglich gesagt, auch von den vielen Zeitungsredakteuren, die all die Jahre immer wieder nachschauen kamen: „Dann werden wir Leipziger stolz auf das gigantische Bauwerk blicken, um das uns alle Großstädte beneiden werden." Auch dieser hier hat Recht behalten. Sein Lob stammt aus dem Jahre 1912. □

Judka Strittmatter, *38, ist freie Autorin in Berlin. Vor Jahren hat sie in Leipzig eine Buchhändlerlehre gemacht. Der Bahnhof war ihr von vielen Abschieden und Wiedersehen ein alter Bekannter.*

Leipzig,
von seinen vergnüglichsten Seiten.
LEIPZIG ÜBER 2000 TIPPS & TERMINE MÄRZ 26.2.–31.3.
PRINZ
Nur 1,- €
FRÜHSTÜCK & BRUNCH
Von edel bis szenig: die 15 PRINZ-Tipps für Leipzig
ROM INSIDE
Neu: die PRINZ-Hotspots für den Wochenendtrip
GESUND LEBEN
Die besten Naturkost-Shops in Leipzig
SOUNDPIPE TOUR 2004
Der große Skate- und BMX-Event im Werk II
PINK
PRINZ verlost Tickets für die Deutschland-Tour
LEIPZIG
SHOPPING-GUIDE
TECHNIK
Viel mehr als eine Zeitschrift. Und jetzt auch in Leipzig.

Text: Jana Hensel

Auf Nimmerwiedersehen

Leipzigs Osten, direkt neben der City, ist Deutschlands größtes urbanes Leerstandsgebiet. Die Stadt reißt nun großflächig Häuser ab und legt Grünflächen an, wo eben noch Menschen wohnten

Mit nur einem Blick hat der Taxifahrer ausgemacht, dass der Fahrgast ein Ortsfremder ist. Er beginnt sofort zu schimpfen. Es brennt ihm unter den Nägeln zu verraten, dass der Leipziger Osten, ehrlich gesagt, das Letzte sei. Dorthin wollte der Gast gefahren werden und in Ruhe die Dächer im Himmel an sich vorüberziehen lassen. Stattdessen wird ihm erzählt, was er schon weiß: Kein Leipziger geht da gern hin. Der Taxifahrer kommt in Fahrt. Dort leben 20 Prozent Ausländer, das müsse man sich mal vorstellen. Er selbst kann es nicht und schüttelt den Kopf. Hier ginge es ja schon zu wie in Berlin-Kreuzberg.

Menschenskinder, sagt er noch, da steigt der Fahrgast schon aus. Mitten auf der Eisenbahnstraße in der Ostvorstadt. Ein erster Blick auf Dönerbuden, Grillstuben und Ramschläden, vor allem aber auf leere Häuser. Manche sind renoviert. Bei anderen müssen gewagte Tunnelkonstruktionen die Passanten vor Steinschlag schützen. Im Leipziger Osten will kaum mehr jemand wohnen. Jetzt nicht und auch nicht in Zukunft. Nur wenige Meter vom glänzenden Hauptbahnhof entfernt gähnen leere Schaufenster und aus unbewohnten Häusern glotzen kalte Fenster wie hohle Augen.

Der Osten Deutschlands schrumpft, sagen Stadtplaner. Er entvölkert sich, sagt eine Statistik des Deutschen Instituts für Urbanistik: Demnach wird die Bevölkerung in den fünf neuen Ländern in diesem Jahrhundert von 15 auf sechs Millionen sinken. Einfach bebaute Viertel wie Neuschönefeld, Neustadt, Anger-Crottendorf oder Volkmarsdorf trifft es dabei nicht nur zuerst, sondern auch am nachhaltigsten – den Leipziger Osten also. Hier laufen die Mieter weg. Es gibt zu viel Stadt für zu wenige Städter.

In den zurückliegenden zehn Jahren haben 29,2 Prozent der Ostvorstädter ihre Koffer gepackt. Auf Nimmerwiedersehen. Jedes dritte Haus steht leer, in manchen Straßen sind weit mehr als die Hälfte der Wohnungen verwaist: das größte innerstädtische Leerstandsgebiet Deutschlands.

Henry Hufenreuther bleibt. Er betreibt die Gaststätte „Zur Tenne" und liebt sein Viertel um den Neustädter Markt. Die Häuser aus der frühen Gründerzeit entfalten einen fast dörflichen Charme. Sie entstanden als eines der ersten industriellen Expansionsgebiete Leipzigs. Hufenreuther kennt hier jeden, grüßt hier jeden und die, die er nicht kennt, grüßt er vorsichtshalber auch. „Man kann ja nie wissen", sagt er.

In Leipzigs Osten laufen die Mieter weg. Hier gibt es zu viel Stadt für zu wenige Städter

Eine rustikale Brotsuppe kostet in der „Tenne" 2,90 Euro, die Sächsische Kartoffelsuppe auch. Unter der Decke hängen Waschbretter, Lederkoffer und Holzschlitten. Es ist nicht lange her, da waren sie noch in Benutzung. Längst aber wirken sie wie Dinge aus einer anderen Zeit. Den Häusern in der angrenzenden Schulze-Delitzsch-Straße geht es ähnlich. In Nr. 3 wirbt ein verlassenes Geschäft für junge Designermode. Ein Haus weiter ist ein dickes Schloss statt einer Türklinke angebracht, in Nr. 8 hängen lange Drähte aus den Klingelschildern. Nebenan ist man überrascht, stehen noch zwei Namen an der Tür.

„Tenne"-Wirt Hufenreuther – fast allein in seiner Straße – verteidigt jedes Haus und hat für jeden Leerstand eine Erklärung. Schlechte Sanierungen, unfähige Vermieter sind schuld. Trotzdem ist er für den Abriss der Gründerzeithäuser, den die Stadt nun plant. Alles andere, sagt Hufenreuther, wäre, wie „im Wald für Bäume werben."

Früher als jede andere bedrohte Kommune hat Leipzig reagiert und schon 2001 Stadtplanungs- und Architekturbüros beauftragt, Vorschläge zu erarbeiten. Die Stadt will aus dem Dilemma einen Vorteil ziehen, schließlich bieten die extremen Leerstände die Chance für einen nachhaltigen Stadtumbau. In zwei Stufen sieht ein Konzept zunächst einen „Rückbau" von 10 Prozent des Wohnraums vor, der bei weiterem Bevölkerungsverlust auf 30 Prozent angehoben werden kann. Das heißt Abriß von 12000 Wohnungen in den nächsten 20 Jahren.

Das hinter diesen Plänen stehende Konzept stammt von Marta Doehler-Behzadi. Die Stadtplanerin wohnt seit 20 Jahren in Leipzig, kennt die Stadt noch als Zentrum des sozialistischen Wohnungsbaus. Den Abrissplan sieht sie als ihre bisher schwerste Aufgabe. „Man wirft Häuser nicht einfach weg. Lebensmittel doch auch nicht", sagt Doehler-Behzadi. Ihre gewohnten Denk-

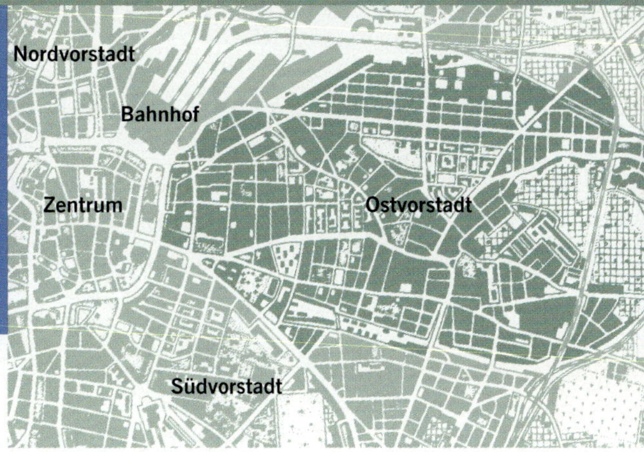

Für einen gesunden Stadtorganismus sind lebensfähige Viertel wichtig. Das Modell Leipziger Architekten sieht für die Ostvorstadt einen Rückbau vor. Während die belebten Mittelpunkte gestärkt werden sollen, könnten die schon von fast jedem Dritten verlassenen Übergangsbereiche von der Natur zurückerobert werden

ansätze mußte die Stadtplanerin in Leipzigs Osten über Bord werfen, denn zum ersten Mal in der Geschichte moderner Stadtentwicklung werden Kommunen nicht mehr von den Faktoren Wachstum und steigende Nachfrage geprägt. In Leipzig – auch da ist die Stadt Vorreiter für ostdeutsche Kommunen – sind es vielmehr Begriffe wie Schrumpfung, Verlangsamung und Rückbau. Konkret heißt das: Häuser abzureißen, Straßen still zu legen, privaten in öffentlichen Raum umzuwandeln, Grünflächen anzulegen, wo eben noch Menschen lebten.

Statt den Westen nachzuahmen, könnte der Osten Ruhe- und Regenerationsraum werden

Leipzig ist dabei zu einem einzigartigen Experimentierfeld geworden, Ostdeutschland sogar zur Avantgarde, wie es der Soziologe Wolfgang Engler formuliert. Er fordert: „Statt den Westen sklavisch nachzuahmen, könnte der Osten sein Alter ego werden, Ruhe- und Regenerationsraum." Engler weiß aber auch, was auf dem Spiel steht. „Es droht eine Rücknahme der Ideen von 1989. Denn Demokratie, öffentliches Leben, Zivilgesellschaft sind Erfindungen des Stadtlebens und verkümmern mit ihm."

Das Leipziger Architektennetzwerk L21 griff die Gedanken Englers auf, als es von der Stadt nach seiner Vision für die Ostvorstadt gefragt wurde. Entstanden ist ein so genanntes Kern-Plasma-Modell, das „urbane Kerne" voller städtischem Leben und geschlossener, sozialer Infrastruktur von dem „atmenden Plasma" unterscheidet. Damit sind die Übergangsbereiche zwischen den belebten Zentren eines Quartiers gemeint. Die Zentren sollen, so die Vorschläge der Netzwerker, gestärkt werden, während die unbelebteren Gegenden der Begrünung überlassen werden sollen.

Auch diese Ideen hat Doehler-Behzadi in ihr Konzept einfließen lassen: Entlang des früheren Flusslaufs der Rietzschke wird eine grüne Schneise entstehen, um andererseits belebtere Viertel wie die Eisenbahnstraße oder den Neustädter Markt aufzuwerten. Kritiker sehen in solcherart „Stadtumbau" vor allem einen „Stadtabbau" und warnen, dass diese programmatische Ausdünnung vor allem einen Verlust an Urbanität bringen wird. Bevölkerungskonzentration ist für sie die Voraussetzung städtischer Angebotsvielfalt. Nur dort, wo viele Menschen leben, man nebenan Brötchen und Zeitungen kaufen kann, bleiben Gaststätten wie die „Tenne" nicht als letzte soziale Bastionen zurück.

Der Spaziergangsforscher Bertram Weisshaar hat aber genau diese Tendenz beobachtet. Vor zwei Jahren ist er aus Kassel in Leipzigs Osten gezogen, häufig erntet er entsetzte Blicke, wenn er seine Adresse nennt. Vor allem von eingeborenen Leipzigern, denen es schwer fällt, das schlechte Image des Quartiers zu vergessen, um dem Viertel eine Chance zu geben.

Der Blick des Zugezogenen lässt sich davon nicht beeindrucken. Weisshaar hat zwei Spaziergangsrouten durch die Ostvorstadt entwickelt, um das Eindringen von Landschaft in die Stadt zu verdeutlichen und zu zeigen, wie durch Abriss und Schrumpfung neue Landschaften entstehen. Was Anwohnern als „Dreckecken" missfällt, beweist für Weisshaar, wie grün der Leipziger Osten bereits geworden ist. Auch wenn es sich in den seltensten Fällen um geordnete Gärten, Parks oder Fußwege handelt, sondern um offene Häuserzeilen, Hinterhöfe und Grünflächen, in die Sachsens Flora unkontrolliert hineindrängt.

Weishaar hofft, damit dem Leipziger Osten auf seiner Suche nach einer neuen positiven Indentität behilflich zu sein. Denn darum geht es, für die Ostvorstadt, die Leipziger und deren Gäste. Damit auch die Taxifahrer nicht mehr schimpfen. Von wegen 20 Prozent Ausländeranteil, in Wahrheit liegt der bei gerade mal 12 Prozent. □

Jana Hensel, *geboren 1976, lebt als freie Autorin in Berlin. Ihr viel beachtetes Buch „Zonenkinder" (2002) beschreibt rückblickend u.a. ihre Kindheit in den letzten DDR-Jahren in Leipzig.*

Das große MERIAN-Gewinnspiel
Unter allen Einsendern verlost MERIAN **über 200 tolle Gewinne.**

MERIAN
Die Lust am Reisen

PREMIUM SHOP

Angebote für Leser

In unserem Premium Shop bieten wir allen Lesern exklusive Highlights: seltene MERIAN-Ausgaben aus unserem Archiv und einzigartige MERIAN-Sammlerstücke. Zusätzlich erhalten Sie ab einem Bestellwert von 25,00 Euro das „Best of MERIAN“ gratis dazu! Für Ihre Bestellungen verwenden Sie den Coupon auf Seite 99.

MERIAN FAMILY

WEGWEISEND

MERIAN pcscout

Planen Sie Ihre Reise am PC. Mit über 50.000 Empfehlungen von MERIAN finden Sie in Deutschland, Österreich, der Schweiz, Norditalien und im Elsass immer das richtige Reiseziel. Inklusive aktuelle Stadtpläne, Routenplaner, 750 Golfplätzen und ADAC-Verkehrsinfos. Preis: 25,95 Euro. **Kennwort: PCSCOUT**

UNENTBEHRLICH

MERIAN *kompass*

Der praktische Reise-Begleiter für unterwegs und am Ziel. Die drei neuesten Titel dieser praktischen Reihe können Sie hier bestellen. Sie kosten jeweils 6,50 Euro und haben zwischen 96 und 128 Seiten mit ca. 60 Farbfotos. Format: 9,5 x16 cm, Softcover mit Schutzeinband. **Kennwort: MERIAN-Kompass „Endlich Ferien“, „Olympische Spiele“, „Das neue Europa“**

JUBILÄUMSHEFT

Best of MERIAN

Ein Sammlerstück, das man nicht kaufen kann! Erleben Sie faszinierende Rückblicke in die Geschichte von MERIAN! Opulente Bildstrecken, aufregende Reisereportagen, kluge und witzige Essays, einfühlsame Stadtporträts und engagierte Sozialfotografie. Blicken Sie hinter die Kulissen: Lesen Sie, wie das MERIAN-Magazin entsteht, oder wie sich MERIAN anhand von 654 Titeln im Wandel der Zeit zu Deutschlands großem Reisemagazin entwickelte. Zusätzlich beigelegt ist jedem „Best of MERIAN“ eine detaillierte Deutschlandkarte im Posterformat von 52 x 73,5 cm. Ab einem Bestellwert von 25,00 Euro erhalten Sie das „Heft der Hefte“ kostenlos dazu. Für Ihre Bestellung verwenden Sie bitte die Postkarte auf Seite 99.

Interessante Einblicke für jeden MERIAN-Liebhaber: die Titelparade der letzten 50 Jahre. Dazu ein Blick hinter die Kulissen: wie MERIAN entsteht und wie sich MERIAN verändert hat.

MERIAN-ABONNEMENT

Lust auf ein **Abonnement**

Wenn Sie MERIAN abonnieren möchten, erhalten Sie 12 Ausgaben im Jahr für 76,40 Euro (Auslandspreise auf Anfrage) statt 90,00 Euro bei Einzelkauf. Nutzen Sie den Preisvorteil von 15 % und sichern Sie sich Ihr Dankeschön: einen der drei MERIAN *live* Reiseführer. Mit Quickfinder in den Klappen, den Attraktionen jeder Reise auf einen Blick und gewohnt exzellenter MERIAN-Kartografie. Für Ihre Bestellung eines MERIAN-Abonnements verwenden Sie bitte die Postkarte auf Seite 99.

Unser Dankeschön für Ihr Interesse:
wahlweise die besten Reiseziele Deutschlands, Italiens oder Spaniens. Kompakte Reise-Tipps auf über 550 Seiten

MERIAN-**RARITÄTEN**

Weitere MERIAN-**RARITÄTEN** erhalten Sie auf Anfrage unter Telefon **0 40/87 97 35 40**

Lust auf MERIAN-Geschichte

Für Sammler und Geschichtsliebhaber haben wir unser Archiv geöffnet und offerieren Ihnen hier seltene Kulturschätze aus über 50 Jahren MERIAN. Die Archivexemplare bieten wir nur noch in sehr begrenzter Stückzahl an und so lange der Vorrat reicht.

MERIAN NEAPEL
1958 **95,00 EUR**

MERIAN ATHEN
1958 **95,00 EUR**

MERIAN KÖLN
1960 **73,00 EUR**

MERIAN ROTHENBURG/T
1963 **65,00 EUR**

MERIAN HEIDELBERG
1967 **60,00 EUR**

MERIAN ISRAEL
1968 **59,00 EUR**

MERIAN SIEBENBÜRGEN
1969 **57,00 EUR**

MERIAN KARIBIK/BAHAMAS
1978 **55,00 EUR**

HISTORISCHE SAMMELSCHUBER **MERIAN**-Archiv!

Archivieren Sie Ihre MERIAN-Sammlung stilvoll und sicher in den exklusiven MERIAN-Sammelschubern aus Leder oder Leinen! Jeder Schuber bietet Platz für ca. 12 MERIAN-Ausgaben.
Preise: Ausführung Leinen 10,00 Euro, Leder 22,00 Euro. **Kennwort: Schuber Leinen / Schuber Leder**

PROGRAMM

AUSWÄHLEN UND BESTELLEN

Lieferbare MERIAN-Titel*

Ägypten
Amsterdam
Andalusien
Australien
Autostadt in Wolfsburg
Baden-Württemberg
Bali
Baltikum
Barcelona
Berlin
Brasilien
Bretagne
Budapest
Burgund
Burma-Myanmar
Chicago
Chile – Patagonien
China: Shanghai und der Süden
Chinas Norden
Cote d'Azur
Das neue Ruhrgebiet
Dominikanische Republik
Dresden
Elsass
Emilia Romagna
Florenz
Florida
Frankfurt
Franz. Atlantikküste
Gardasee
Hamburg
Indiens Norden
Indiens Süden
Irland
Island
Istanbul
Japan
Jemen–Oman–VAE
Jerusalem
Kalifornien
Kanadas Osten
Kanalinseln
Kanarische Inseln
Köln
Krakau
Kreta
Kroatien
Kuba
Leipzig
Ligurien
Loire
London
Madrid
Mallorca
Marokko
Mauritius
Mecklenburg-Vorpommern
Mexiko
Moskau
MS Europa
München
Namibia
Neapel / Amalfi-Küste
Neuseeland
New York
Norwegen
Oberbayern
Paris
Piemont–Turin
Portugal
Prag
Provence
Rom
Sardinien
Schottland
Schweden
Schweiz
Shanghai
Sizilien
Spaniens Norden
Steiermark
Südafrika
Südengland
Südtirol
Sylt
Syrien–Libanon
Tessin
Thailand
Tirol
Toskana
Tunesien
Umbrien
USA: Die Südstaaten
USA: Neuengland
Venedig
Verona und Gardasee
Vietnam–Laos–Kambodscha
Weimar
Wien

MERIAN

Die Lust am Reisen

PREMIUM SHOP

Viele der Ausgaben von MERIAN sind in begrenzter Stückzahl noch verfügbar! Die jüngst erschienenen MERIAN-Titel (siehe Programm-Auflistung, links) kosten 7,50 Euro inkl. Porto und Versand (innerhalb Deutschlands). Bestellen Sie mit der gegenüberliegenden Postkarte oder im Internet unter www.merian.de. Außerdem erhalten Sie das lieferbare Programm von MERIAN in jeder gut sortierten Buchhandlung und so lange der Vorrat reicht.

SAMMELSCHUBER

MERIAN-Archiv!

Archivieren Sie Ihre MERIAN-Ausgaben in dem modernen MERIAN-Sammelschuber aus Acryl! Jeder Schuber bietet Platz für ca. 12 MERIAN-Magazine. Preis: 16,00 Euro. **Kennwort: Schuber Acryl**

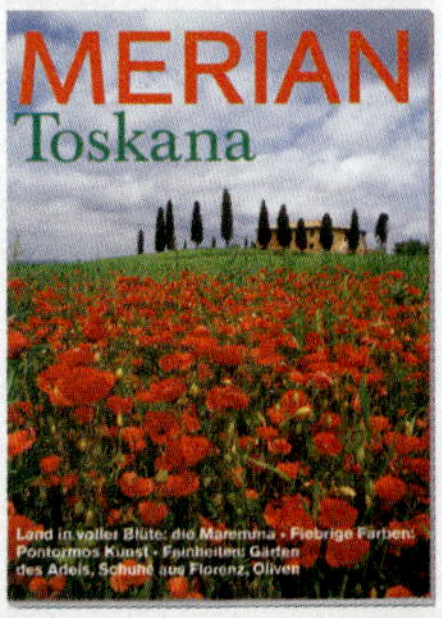

* Das lieferbare Programm umfasst alle jüngst erschienenen Ausgaben von MERIAN. Raritäten auf Anfrage: Telefon 040/87 97 35 40

VERLOSUNG

DAS GROSSE **MERIAN-GEWINNSPIEL**

Unter allen Einsendern verlost MERIAN über 200 Gewinne. Einfach nebenstehende Postkarte ausfüllen. Viel Glück!

Zwei Übernachtungen für zwei Personen mit Frühstück im Fürstenhof Leipzig, einem Hotel der absoluten Edelklasse. Lassen Sie sich in eine Welt voller Luxus und Komfort entführen: prunkvoll eingerichtete Zimmer und ein traumhaft schöner Wellness-Fitnessbereich.

Erholung pur für zwei Personen im Hotel Lindner: Ob im Dampfbad, der Sauna oder beim Spaziergang im nahen Auenwald, hier vergessen Sie Ihren Alltagsstress. Die gemütlichen Zimmer sind genau das Richtige für ein Entspannungswochenende mit Frühstück.

Im Seaside Parkhotel fühlen Sie sich ein Wochenende lang wie ein Star, denn das 4-Sterne-Hotel ist etwas ganz Besonderes: Designermöbel im Art-déco-Stil und edles Kirschholz in den Zimmern. Auch am großen Frühstücksbuffet bleibt kein Wunsch unerfüllt.

20 x
je ein MERIAN-Jahresabo. Sie bekommen die ganze Welt frei Haus. Monat für Monat bringt MERIAN Reiseträume und wertvollen Hintergrund. Tipps und Karten erleichtern Ihre Reiseplanung.

200 x
Der Feinschmecker Guide 2004 mit den 2000 besten Adressen für unterwegs.

Die Lust am Reisen

MERIAN

PREMIUM SHOP

WETTERFEST

WINDBREAKER

Der klassisch blaue Windbreaker trotzt Wind und Wetter, ist aber angenehm leicht und durch den großzügigen Schnitt sehr bequem zu tragen.
Universalgröße: Large
Preis: 39,90 Euro
Kennwort: Windbreaker

Bitte freimachen falls Marke zur Hand. Oder bestellen Sie per Fax:
040/27172079

ANTWORT

MERIAN
Premium Shop
Postfach 60 12 20

D-22212 Hamburg

Die Lust am Reisen

MERIAN

GEWINNSPIEL

Wenn ich zu den Gewinnern gehöre wünsche ich mir das Wochenende im: *(bitte ankreuzen)*

☐ **Fürstenhof Leipzig** ☐ **Hotel Lindner** ☐ **Seaside Parkhotel**

Bitte ausreichend frankieren.

Oder senden Sie per Fax:
040/27172079

ANTWORT

MERIAN
Leserservice
Postfach 60 12 20

D-22212 Hamburg

Die Lust am Reisen

MERIAN

ABONNEMENT

Wenn Sie MERIAN abonnieren möchten, sichern Sie sich Ihr Dankeschön: einen der drei MERIAN *live* Reiseführer. Mit Quickfinder in den Klappen, den Attraktionen jeder Reise auf einen Blick und gewohnt exzellenter MERIAN-Kartografie.

Wunschtitel bitte ankeuzen:
☐ **Deutschland**
☐ **Italien**
☐ **Spanien**

Bitte freimachen falls Marke zur Hand. Oder senden Sie per Fax an:
040/27172079

ANTWORT

MERIAN
Leserservice
Postfach 60 12 20

D-22212 Hamburg

Ich möchte bestellen.
Bitte liefern Sie die Produkte an folgende Adresse:

Name / Vorname des Bestellers

Straße / Haus-Nr.

PLZ / Ort

Tel.-Nr. / E-Mail

Datum / Unterschrift ME 04-2004

Rechnung abwarten – bitte keine Vorauszahlung leisten.
Die Lieferung erfolgt, innerhalb Deutschlands, porto- und versandkostenfrei. Auslandslieferungen auf Anfrage.

☐ **Mit der Zusendung von Informationsmaterial bin ich einverstanden.**

☐ **Ich habe den Bestellwert von 25,– Euro erreicht und erhalte „Best of MERIAN" als Dankeschön dazu.**

Bitte tragen Sie hier die Kennwörter, Anzahl und Preise ein:

Kennwort	Anzahl	Einzelpreis (Euro)	Gesamtpreis (Euro)

Summe

Ja! Ich möchte an der großen MERIAN-Verlosung teilnehmen
Wenn ich zu den Gewinnern gehöre, benachrichtigen Sie mich bitte unter folgender Adresse:

Name / Vorname

Straße / Haus-Nr.

PLZ / Ort

Tel.-Nr.

E-Mail

Einsendeschluss ist der 20.05.2004
Mitarbeiter/innen des JAHRESZEITEN VERLAGS und deren Angehörige dürfen an der Verlosung nicht teilnehmen. Der Rechtsweg ist ausgeschlossen. Eine Barauszahlung der Gewinne ist ausgeschlossen.

☐ **Ich abonniere MERIAN für mich selbst.**
☐ **Ich möchte ein MERIAN-Abonnement verschenken.**

Name / Vorname des Beschenkten

Straße / Haus-Nr. / PLZ / Ort

Tel.-Nr. / E-Mail

Die Rechnung und das umseitig angekreuzte Dankeschön gehen an: (Adresse bitte unten eintragen). Der Jahres-Abo-Preis für 12 Ausgaben MERIAN beträgt 76,40 Euro frei Haus (innerhalb Deutschlands; Auslandspreise auf Anfrage).

Name / Vorname des Bestellers

Straße / Haus-Nr. / PLZ / Ort

Tel.-Nr. / E-Mail

Gewünschte Zahlungsweise bitte ankreuzen:
☐ **Gegen Rechnung** (Bitte keine Vorauszahlung leisten) ☐ **Bankeinzug** (Bequem und bargeldlos)

Bankleitzahl Kontonummer

Geldinstitut

Datum / 1. Unterschrift

Vertrauensgarantie: Die Bestellung wird erst wirksam, wenn sie nicht binnen zwei Wochen schriftlich beim MERIAN-Leserservice, Postfach 60 12 20, 22212 Hamburg, widerrufen wird. Zur Wahrung der Frist genügt die rechtzeitige Absendung des Widerrufs. Dieses Angebot gilt nur in der Bundesrepublik Deutschland und solange der Vorrat reicht. Das Dankeschön darf ich auch bei Widerruf behalten. Die Kenntnisnahme dieser Hinweise bestätige ich durch meine zweite Unterschrift:

Datum / 2. Unterschrift ME 04/04-21737, 21738

Ein MERIAN-Abonnement bietet Vorteile:

1. 15% Preisvorteil
Sie erhalten 12 Ausgaben zum Vorzugspreis von 76,40 Euro statt 90,00 Euro.

2. Service
Sie erhalten jede MERIAN-Ausgabe pünktlich frei Haus. Porto und Verpackung zahlen wir für Sie.

3. Vertrauensgarantie
Eine Bestellung wird erst wirksam, wenn sie nicht binnen 14 Tagen schriftlich beim MERIAN-Leserservice, Postfach 60 12 20, 22212 Hamburg, widerrufen wird. Zur Wahrung der Frist genügt die rechtzeitige Absendung des Widerrufs.

4. Geld-zurück-Garantie
Sie können Ihr Abonnement jederzeit kündigen und erhalten für gezahlte und noch nicht gelieferte Hefte natürlich Ihr Geld zurück.

Bestellen Sie einfach und bequem per

MERIAN-Leserservice
Postfach 60 12 20
22212 Hamburg

040 / 87 97 35 40

040 / 27 17 20 79

www.merian.de

www.merian.de
Tausende von Reisezielen, Eventkalender, Reportagen, Tipps & Empfehlungen und weitere exklusive Angebote im MERIAN Premium Shop

Sächsisches

Voi Nam, das erste Elefantenbaby im Leipziger Zoo seit 1936, wurde im April 2002 geboren und sofort der Publikumsliebling

Der Leipziger Zoo wird bis zum Jahr 2014 zu einem Natur-Erlebnispark der Superlative umgestaltet. Moderne Lebensräume für Affe, Löwe & Co. zeigen schon den „Zoo der Zukunft"

Text: Thomas Gebhardt, Fotos: Sabine Wenzel

In der Menschenaffenanlage Pongoland werden verstoßene Schimpansenbabys von Menschenhand großgezogen

Dschungel buch

Wenn Michael Tempelhoff „dem Gleenen eene Lektion Gnigge" gibt, dann sagt er Worte wie „Ohr!", „Knie!" und „lift!", „Go back", oder „Go on!" Seine Stimme hält für jeden dieser Befehle eine eigene Tonhöhe bereit, die so unverwechselbar ist wie sein sächsischer Zungenschlag. Alle Zuneigung und väterliche Strenge legt er in sie hinein, schließlich muss jederzeit klar sein, wer hier der Chef ist. Sein Baby darf weder mit den Ohren schlagen, noch treten oder einfach drauflos trampeln. Stattdessen muss es auf Befehl ein Bein heben, vorwärts oder rückwärts gehen und auf seinen Namen hören: Voi Nam. „Kleiner Junge" bedeutet der vietnamesische Name des Elefantenbabys. Sonst kann später passieren, was nicht passieren soll. „Ein Kollege bekam mal eine mit 'nem Rüssel gewischt", erzählt Tempelhoff, „und hatte erst nach 15 Metern wieder Bodenkontakt." Jedenfalls mehrere Rippenbrüche.

Bis zu sieben Tonnen kann ein erwachsener Bulle wiegen, eine Höhe von vier Metern erreichen. Selbst Voi Nam. Er ist der Star des Leipziger Zoologischen Gartens und zugleich Symbol für dessen Neubeginn: 66 Jahre hat es in dem Traditionszoo keinen Elefantennachwuchs mehr gegeben.

Der Zoo, eine alte Liebe der Leipziger, wird derzeit umgekrempelt wie nie zuvor in seiner bald 130-jährigen Geschichte, kommt seither positiv in die Schlagzeilen: mit naturnah gestalteten Behausungen für Löwe, Tiger und Bär, Zuchterfolgen bei fotogenen Giganten und herzigen Tiergeschichten für die ganze Familie.

Pongoland zum Beispiel: Die weltweit größte Menschenaffenanlage ist seit ihrer Eröffnung im Frühjahr 2001 nicht nur Darling von Fernsehstationen aus aller Welt, sondern auch des heimischen Publikums. Zum einen, weil hier daran geforscht wird, was es eigentlich heißt, wenn Mensch und Menschenaffe eine zu 98,4 Prozent identische DNS haben. Zum anderen,

Wie ein Stein gewordener Zwilling des Metro-Goldwyn-Mayer-Löwen wacht der König der Tiere über den Zoo

Wenn die Erdmännchen aufrecht stehen, dann überwachen sie den Luftraum. Feinde wie Greifvögel könnten kommen

Wildlife-Gucken im zoologischen Vielvölkerstaat

Im Ringaquarium bestaunt der Zoobesucher die Welt von Muränen und Haien aus der Mitte des 360°-Beckens

Tierpfleger Jörg Gräser hat neben Löwen und Leoparden auch die artenbedrohten Mähnenwölfe in Obhut

weil ein Besucherpfad mitten durch die Habitate von Schimpansen, Bonobos, Gorillas und Orang-Utans führt, die in dieser Dschungelminiatur herumtollen wie Meerschweinchen in deutschen Kinderzimmern. Oder „Elefant, Tiger & Co.“; so heißt eine wöchentliche Tier-Doku-Soap aus dem Zoo, die neben der internationalen Fauna auch deren lokale Pfleger überregional bekannt macht. „Ich wechsle öfter den Haarschnitt“, sagt Tempelhoff, „sonst kommste nicht mehr unerkannt in die Straßenbahn.“

Dabei stand der Zoo kurz vor dem Aus. Die Wende hatte ihn kalt erwischt. „Visafrei bis Hawaii!“ – für den Zoo ein Trauma. Die neue Reisefreiheit auf der einen, auf der anderen Seite in Kleinstkäfigen gefangene Kreaturen, deren Ausdünstungen das Weiteratmen zur sportlichen Disziplin erhoben. Mitte der Neunziger kamen nur noch 650 000 Besucher pro Jahr.

„Zootiere sind Botschafter für bedrohte Lebensräume“, erklärt Jörg Junhold, Zoodirektor seit 1997, und beschwört den „Zoo der Zukunft“, den Masterplan zur Neugestaltung des Tiergartens bis ins Jahr 2014. Wenn er umgesetzt ist, werden 90 Millionen Euro verbaut sein, wird sich der Traditionszoo in einen von Freizeitforschern und Tiergartenarchitekten inszenierten Naturerlebnispark gewandelt haben, dessen Philosophie auf

120 Mitarbeiter und 65 Zoolotsen sorgen dafür, dass sich die Tiere wohlfühlen und die Zoobesucher zurechtfinden

Seit die Orang-Utans ihr neues Zuhause bezogen haben, reißt der Strom der Besucher nicht mehr ab. Manche kommen nur zum Zugucken, andere zum Gruppenbild

Pongoland, die weltweit größte Menschenaffenanlage, wurde 2001 eröffnet. In der Tropenhalle und den Außenanlagen leben Bonobos, Schimpansen, Gorillas und Orang-Utans in separaten Lebenswelten

Zootiere sind Botschafter für bedrohte Lebensräume

drei Säulen ruht: Freizeitwert, Artenschutz und Bildung. Auf Highlight folgt Ruhezone, dann wieder Highlight. *Sechs Themenbereiche umfasst der „Zoo der Zukunft": die Kontinente Asien, Afrika und Südamerika, dazu Pongoland und den Gründergarten.* Ein riesiges Tropenhaus soll entstehen, benannt nach dem Superkontinent Gondwana, und den zoologischen Vielvölkerstaat komplettieren. Die Modernisierung bedeutet den Abschied von der vergleichenden Tierhaltung, in der zum Beispiel alle Großkatzen nebeneinander auftreten. Gestreift neben gepunktet, gefleckt oder langmähnig. Das neue, zoogeografische Konzept orientiert sich am Nebeneinander der Tiere in freier Wildbahn, es zeigt den Löwen als Jäger, mit Zebra, Gnu und Antilope als Jagdtiere in der Savanne nebenan.

Automatische Schiebetüren trennen den zugig-kalten Leipziger November und die weitläufigen Außenflächen von Pongoland, groß wie zwei Fußballfelder, vom Dschungel im Menschenaffenhaus. Die Luftfeuchtigkeit in der 1600 Quadratmeter großen Halle liegt bei tropfnassen 70 bis 90 Prozent. 60 Menschenaffen leben darin mit Kletterbäumen, Wasserfällen und Felslandschaften, vom Catwalk der Besucher nur durch hölzerne Geländer und Wassergräben oder Dreifach-Verbundglas getrennt. Bei Gorillas wird gerade Fell gepflegt, bei Orang-Utans kopuliert, derweil Familie Bonobo, in Fachkreisen als *pan paniscus* bekannt, in aller Ruhe frühstückt. Apfelsine, Banane und Kiwi – was Leichtes. Vogelzwitschern vom Band tönt bis unters 20 Meter hohe Glasdach.

„Kern unserer Arbeit ist die zentrale Frage, wie, worin und warum sich Menschenaffen von uns unterscheiden", erklärt Juliane Kaminski, Doktorandin am Max-Planck-Institut für evolutionäre Anthropologie, dem Hausherrn in Pongoland. Die Primatenforscherin führt Versuchsreihen zum sozial-kognitiven Verhalten der Menschenaffen durch, ergründet, „ob es bei ihnen so etwas wie Täuschung gibt." Ob die Geistesgaben bereits so komplex sind, dass das Täuschen und Manipulieren zum Einmaleins des Sozialverhaltens gehören? Zu Deutsch: Wie viel Mensch im Menschenaffen steckt, ob auch er Schwein sein kann?

Morgen für Morgen läuft die 30-Jährige deshalb in den Schimpansen-Dschungel, versteckt Leckereien und lässt sich dabei von einem subdominanten *pan troglodytes*-Männchen (B) beobachten, während dem Alpha-Tier (A) qua Sichtblende vorenthalten wird, wo Kaminski die Nahrung auslegt. Die Frage ist nun, inwiefern Schimpanse B sein Wissen nutzt, um die Rangordnung zu verletzen und damit Schimpanse A um das Futter bringt? Geht B einfach auf die Nahrung zu, folgt ihm A und bekommt alles. Aber: Wer gibt schon gern ab, wenn er weiß, dass der andere nicht weiß? Wie ausgefeilt sind die Tricks, um den Wissensvorsprung zu halten? *„Pongoland war ein Glücksfall", erklärt Zoodirektor Junhold und sagt auch, dass die vom Max-Planck-Institut finanzierte, 31 Millionen Mark teure Anlage die Initialzündung war, den „Zoo der Zukunft" auf den Weg zu bringen.* – Gibt es Vorbilder? „Die Zoos von Zürich, Singapur und Hannover, New York oder Wien."

Das Max-Planck-Institut ist Hausherr in der Menschenaffenanlage. Kinder können Forschern über die Schulter sehen

In Pongoland steht die Forschung im Rampenlicht

Junhold dreht am Globus neben sich, weiß, in welche Liga er will. Seit drei Jahren sind die Besucherzahlen konstant, bei 1,2 Millionen jährlich. „Der Anfang war einfach", sagt Junhold, „jetzt wird's anspruchsvoll."

Etwa 900 Tierarten leben im Leipziger Zoo, mehr als 1400 Geschöpfe vom Flugfuchs über das Erdmännchen bis zum Seebären; nicht mitgerechnet die 3500 Fische, 1500 Wirbellosen und 200 000 Bienen. Ganze Völker also. Wildlife-Gucken auf 23 Hektar. Über eine Hängebrücke geht's nach Asien. Dort links nach Südamerika. Afrika ist teils noch Baustelle, will aber schon besichtigt werden. In der Nashorn-Savanne ist Tumult, während die Haie so dicht an den Fenstern des Ringaquariums entlanggleiten, als hätten sie bereits ein Auge für die staunenden Betrachter. Hier ein Mangrovensumpf, dort ein Urwildpferd. Ist man eben noch durch Regenwälder gestreift oder hat sich angesichts einer Geierschildkröte gefragt, wie lange man sich wohl nicht bewegen darf, um Moos anzusetzen, steht man schon an der nächsten Ecke ungläubig vor einem weiteren Tier, von dessen Existenz man bis dato nicht wusste. Dem Vieraugenfisch zum Beispiel.

„Komm, Kimbali, es gibt Leckerlis, heute Broiler." Mit Schwung wirft Jörg Gräser tote Futtertiere in die Rabatten der neuen Löwensavanne. Darin gibt es viel Auslauf vor Kunstfelsen; Schattenplätze, Sonnenecken, Rückzugsorte, nicht einsehbar für Besucher. Neueste Tiergartenbiologie allemal: Nicht allein die Größe einer Wohnung ist entscheidend, sondern deren Möblierung.

Matadi und Kimbali, ein junges Angolalöwen-Pärchen, zerpflücken dankbar zwei Hähnchen. „Fressen ist auch Beschäftigung gegen die Langeweile", erläutert Tierpfleger Gräser. Auf seinen Schützlingen ruht alle Hoffnung, ist doch Leipzig schon länger ohne Löwennachwuchs. Der König der Tiere taucht nicht nur im Stadtwappen auf, sondern ziert auch die Wetterfahne des alten Raubtierhauses oder die Zielscheibe, an der Zootierarzt Klaus Eulenberger mit dem Betäubungs-Blasrohr Pfeilschießen übt. Einst führte der Zoo den Beinamen „Löwenfabrik". In 779 Würfen kamen 2313 Jungtiere zur Welt, die in mehr als 50 Länder exportiert wurden. Sogar nach Afrika.

Der Leipziger Zoo beteiligt sich an mehr als 40 internationalen Zuchtprogrammen, vom Brillenpinguin über den Lisztaffen bis zum Mähnenwolf, und führt die Zuchtbücher für Tiger und Anoas (Gemsbüffel), eine Art Datenbank für alle weltweit in Tiergärten lebenden Individuen einer vom Aussterben bedrohten Spezies. Ausgewildert wurden Uhu oder Säbelantilope; auch das Przewalskipferd jagt nun wieder über Mongoliens Weiten.

29 250 Euro kostet der Unterhalt des Zoos pro Tag; 365 mal im Jahr. Mit 35 Euro schlägt die Jahreskarte zu Buche. Kein Wunder, dass die Marketingstrategien ausgefeilt sein müssen, um den Betrieb am Laufen zu halten: Kindergeburtstage mit Lieblingstieren, Feiern mit Catering im Ringaquarium oder Tier-Patenschaften vom Tukan bis zu den Big Five: Löwe, Leopard, Büffel, Rhinozeros, Elefant. „Auf dem Markt müssen wir uns neben Freizeitparks, Shoppingcentern und Spaßbädern behaupten", sagt Junhold.

Die Elefanten-Specials bei Michael Tempelhoff sind auf Wochen ausgebucht. Gerade soll Voi Nam lernen, auf eine Waage zu steigen. „Ein Fuß druff; kleene Belohnung! Zweiter Fuß druff; bisschen größere Belohnung! Dritter Fuß; feiiiin, nu, gibt's rischtsch was!"Vierter Fuß *druff* – und Tempelhoff schiebt Voi Nam ein ganzes Brot ins Maul. „Schon 654 Kilo"; ein Kilogramm pro Tag legt das Baby momentan zu. „Mit Voi Nam ham mir sechs Elefanten", sagt Tempelhoff, „davon drei zuchtfähige Kühe. 15 könnten im erweiterten Elefantenhaus Platz finden." Noch ist keines der Tiere trächtig, aber Mekong, Voi Nams Vater, lässt keine Gelegenheit aus. □

Thomas Gebhardt, *41, Redakteur dieses Heftes, war das erste Mal als Fünfjähriger im Leipziger Zoo und erkannte ihn trotz großer Veränderungen wieder.*

Das nackte Leben

Die Bilder von Günter Rössler, Nestor der DDR-Aktfotografie, bestechen durch eine Atmosphäre großer Privatheit

Text: Jutta Voigt, Foto: Ute Mahler

Das Auffälligste ist ihr Blick. Hell unter dunklen Brauen. Intensiv und autonom, auf einer Ebene mit dem Mann hinter der Kamera. Langes, gescheiteltes schwarzes Haar fällt ihr über die Schultern, kein Lächeln, der Mund sieht trotzig aus, mädchenhaft, aber nicht unerfahren; eine Mona Lisa aus Plinz in Thüringen. Sie ist nackt. Hoch angesetzte Brüste von schwellender Zartheit, ein deutlicher Hüftschwung, kräftige Beine, das linke angewinkelt, ein Arm liegt über dem Schoß, nicht um etwas zu verstecken, sondern weil es so bequem ist. Eine Nacktheit voller Reiz und elementarer Herausforderung. Und doch ist es in erster Linie der Blick, der den Betrachter anzieht, dann erst der Körper mit dem rührenden Bauchnabel.

Günter Rössler hat Nadine 1995 fotografiert, man kann das Schwarz-Weiß-Foto in einem seiner Bildbände sehen. Er blieb sich und seinem Stil treu, das Bild hätte auch in den siebziger Jahren im *Magazin* erscheinen können, dem DDR-Monatsheft für Lebensart. In jeder Ausgabe druckte das *Magazin* ein nacktes Mädchen, oft war das Foto von Rössler. Die DDR ist bekanntlich eine Mangelgesellschaft gewesen, der Mangel an Pornografie hatte den Geschmack des Publikums sublimiert, das vierwöchige Aktfoto verzichtete auf sexuelle Posen, es reichte der gut fotografierte weibliche Körper, um erotische Fantasien blühen zu lassen. Den „Helmut Newton des Ostens" hat man Günter Rössler genannt, den bringt das in Rage: Stelle ich meine Füße auf nackte Frauen? Tragen meine Modelle hochhackige Schuhe am bloßen Körper? Zeige ich Verachtung, Unterdrückung oder Herrschaftsanmaßung gegenüber Frauen? Er, der Moralist, wird in unserem Gespräch immer wieder betonen, dass das Frauenideal des Ostens ein anderes gewesen ist: gleichberechtigt, klug, schön. Auch nackt. Er fotografiert selbstbewusste junge Frauen, und wo Lust überhaupt ins Spiel kommt, sind sie nicht Objekte, sondern Gefährtinnen der Lust.

Sein Ideal ist die absolute Natürlichkeit der Frau, ohne alles Drumrum, nur die Frau: gleichberechtigt, klug, schön

Günter Rössler wurde in Leipzig geboren, dort blieb er sein Leben lang, dort wohnt er noch heute. Man fährt vom Stadtzentrum aus eine halbe Stunde mit der Straßenbahn Linie 11 die lange Karl-Liebknecht-Straße runter, dann die lange Bornaische Straße. Irgendwann kommt eine öde Gegend mit verlassenem Messepark und Straßenbahn-Depot. Kurz darauf öffnet sich überraschend ein anheimelndes Kleinstadt-Idyll: Markkleeberg. Rösslers Haus gleich an der Endhaltestelle sieht dunkel aus in der Dämmerung. „Agentur VOILA!-models" steht auf einem unscheinbaren Schild. Eine groß gewachsene junge Frau öffnet die Tür, sie hat ein klares, ebenmäßiges Gesicht. Wir leben nach hinten raus, erklärt sie die Dunkelheit. Kirsten Schlegel ist Chefin von VOILA!-models und Lebensgefährtin des Fotografen, sie war mal sein Modell.

Im Büro, das sachlich möbliert und asketisch beleuchtet ist, hängen Fotos von den Mädchen der Agentur, Stapel des neuen, großformatigen Akt-Kalenders liegen auf dem Boden, Bücher und Biografien des Meisters in den Regalen, Pappen, Kartons, Briefe – heitere Unordnung der Arbeit. Ein zarter alter Mann mit gelocktem weißen Haar betritt den Raum, in seinem Kindergesicht leuchten runde blaue Augen: Günter Rössler, 78 Jahre alt.

Günter Rössler in seinem kleinen Atelier. Die Arbeit an einer Aktfotografie erfordert nicht selten Monate

Kirsten Schlegel kommt auch hinzu, sie hält das gemeinsame Baby auf dem Arm, Filia, ein Mädchen, in dessen Gesicht sich die Kinderaugen des Vaters auf wundersame Weise wiederholen.

In den Zeitungen steht, dass Sie Ihre Akt-Modelle auf der Straße ansprechen … Quatsch, sagt Rössler, das mache ich, wenn ich Mode fotografiere. „Er zieht sie mit seinen Augen schon auf der Straße aus" stand da … Habe ich zum Glück nicht gelesen. Ein Aktfoto dauert lange, manchmal brauche ich zwei, drei Monate; man muss sich doch kennen lernen, man erzählt sich die privatesten Dinge… Bevorzugen Sie einen bestimmten Typ? Ich hab gern Mädchen, die authentisch sind, mit Piercings und gesträhntem Haar kann ich fotografisch nichts anfangen, ich war immer eher auf Dunkle fixiert, Marilyn Monroe war nie mein Typ. Die Heidi war blond, wirft Frau Schlegel ein. Hab ich vergessen, sagt Rössler und lacht. Nach dem Helmut-Newton-Vergleich will ich Sie nicht länger fragen… Dankeschön, seufzt er, absurd, diese künstliche Geilheit; mein Ideal ist die absolute Natürlichkeit der Frau, ohne alles Drumrum, nur die Frau.

Ist eine Frau, die so ganz sie selber ist, nicht zu anrührend, um erotisch zu wirken? Ich höre Sie, aber ich verstehe Sie nicht, sagt Rössler in sanftem Sächsisch. Das Baby kräht und wird ins Bett gebracht. Dass er todkrank war, erzählt der Fotograf, eine große Herzoperation: Kirsten hat mir das Leben gerettet, sie hat mir auf der Intensivstation sieben Wochen lang die Hand gehalten.

Haben Sie sich manchmal in Ihre Modelle verliebt? Ach ja, zu oft. Wenn man sich in sein Modell nicht nur optisch, sondern mit allen Fasern verliebt, verleiht das dem Foto natürlich einen eigenen Reiz. Dieser verfluchte Reiz… es hat da schon Spannungen gegeben mit meiner Frau. Dabei hatte ich überhaupt keinen Grund, zu denken, ich will eine, die schöner oder intelligenter ist, sie war das alles, sie ist 1991 gestorben. Er zeigt auf das gerahmte Porträt an der Wand – eine Frau, die wie ein Model aussieht, in einem weißen Mantel mit hochgestelltem Kragen. Sie war nie Fotomodell, sagt Rössler.

Wir steigen eine sehr schmale Treppe hoch in sein Atelier unterm Dach. Es ist schwarz ausgeschlagen, klein, schlicht. Ein weißes Sofa steht da, ein hoher Stuhl, Fotolampen. Hier oben, ohne Visagisten, Friseure und Assistenten, entstehen die Fotografien von Günter Rössler, deren „atmosphärische Privatheit" so oft betont wird. Sie werden von Museen angekauft, füllen Bildbände und inspirieren Maler.

Rössler fotografiert keine Vamps, keine *femmes fatales*, keine bösen Mädchen. Rössler fotografiert junge Frauen, ihre Körper, ihre Gesichter, immer schwarz-weiß und immer in einem Licht, das ihr Geheimnis bewahrt. Die wache Hingabe der Mädchen und „das Hingerissensein des Fotografen von seinem Modell" machen die Wirkung seiner Bilder aus. In fast allen nistet jene feine Traurigkeit, wie sie Paare nach der Liebe befällt.

Es sind immer die Blicke, sagt Rössler. Die Straßenbahn zurück fährt vor seinem Haus ab. □

Seine Fotografien werden von Museen und Galerien angekauft, sie füllen Bildbände und inspirieren Maler

Jutta Voigt, *geboren 1941, lebt in Berlin. Die Theodor-Wolff-Preisträgerin ist Kolumnistin der* ZEIT *und Buchautorin, z.B. „Fünf Jahrzehnte Magnum-Photographie".*

Wir müssen

Ein Fabrikhof, drei Labels: der Klamottenladen „Mrs. Hippie“, die Fahrradwerkstatt „Rücktritt“ und das PC-Geschäft „Absturz“. Das kommt an beim jungen Publikum

wollen **können** dürfen

Wenn Leipzig ein Klein-Paris ist, dann kann die Südvorstadt nur der Montmartre sein. Grün und bunt, laut und ruhig, alternativ und doch etabliert. Hier gelten noch viele Losungen des Leipziger Herbstes. Vor allem die von einem autonomen Leben

TEXT: HOLGER WITZEL, FOTOS: PETER HIRTH

Im Leipziger Süden triumphiert die Freiheit

Vom Berg an der Fockestraße, einem Trümmerberg aus der Nachkriegszeit, überblickt man die Südvorstadt und die Innenstadt, die bei den Leipzigern „City“ heißt

Der Kiez schrieb Legenden und treibt bis heute Blüten

Auf einmal schwärmen alle von Plagwitz. Von Ruinen, alten Fabriken, ganzen Häuserzeilen – leer! Von Platz und Freiheit, „dem neuen Süden", selbst Thilo redet so. So ein Verräter.

Seit 14 Jahren lebt er im Leipziger Süden – und für einen Obdachlosen hat er hier immer ziemlich großzügig gewohnt. Zuletzt in der riesigen Wohnung eines verreisten Freundes, natürlich direkt am Auenwald. Im Sommer in einer mongolischen Jurte am grünen Rand von Connewitz, natürlich mit Strom und ISDN. Und als vor ein paar Jahren sein Lieblingscafé schloss, zog er dort einfach ein. Zu Hause war er im „Maitre" sowieso gewesen.

Thilo Egenberger, 34, blieb nirgendwo lange – aber immer im Leipziger Süden. Hier hat er seine sensationellen 24-Stunden-Ausstellungen organisiert, illegale Partys und legale. Alle seine Freunde leben hier, die meisten inzwischen mit Familie. Überall hat er kleine Lager für seine Habseligkeiten angelegt. „Meine Leipziger Freiheit" nennt er das in Anspielung auf den neuen Werbeslogan der Stadt.

Man sieht ihm den Penner nicht an, aber eben auch nicht, dass er ein großes Wohnhaus besitzt. Anfang der neunziger Jahre hat er es gekauft, saniert und vermietet. „Meine Rente", sagt er entschuldigend, und es ist ihm fast ein wenig peinlich, dass sein Haus ausgerechnet im exklusiven Waldstraßenviertel steht. Wenn er dort mal zu tun hat, kommt ihm das immer wie eine „exotische Gegend" vor, „unvorstellbar zum Leben", wie alle anderen Stadtteile eigentlich auch.

„Es gibt keinen besseren Ort als die Südvorstadt", sagt Thilo Egenberger, „und trotzdem, es ist an der Zeit."

Leute wie er müssen immer weiter, wenn es gerade am schönsten ist. Sie sind ewig auf der Suche nach dem perfekten Kiez und halten es nicht aus, wenn es endlich so weit ist, wenn sie alles haben können und das Netzwerk trägt, das sie selber geknüpft haben.

Wie die meisten jungen Südstädter fing er 1990 als Schwarzmieter an; ein kleiner, aber wichtiger Unterschied zum gemeinen Hausbesetzer. Schwarzmieter waren an sich bereit, Miete zu zahlen – sie wussten manchmal nur nicht, an wen. Vor allem im Süden gab es viele Häuser, die scheinbar keinem gehörten. So war es vor und nach der Wende oft leichter, eine verlassene Bruchbude zu finden als die richtige Kontonummer für die Miete. Das lockte massenhaft junge Leute an. Damit war die Legende geboren. Manche sagen aber auch, es lag nur an der „naTo", der ersten und einzigen Kneipe der Stadt, die schon damals so etwas wie Szene war.

Nach und nach kamen immer mehr dazu, das „Maitre", der erste Dönerladen, das „Backwahn" in Connewitz, selig. Und weil die neuen Investoren mit viel Geld und noch mehr Abschreibungsgier erst mal damit zu tun hatten, scheinbar attraktivere Stadtteile unter sich aufzuteilen, hatte der Süden ein paar Jahre gewonnen. In dieser Zeit entstand das Biotop rund um die Karl-Liebknecht-Straße, das bis heute Blüten treibt.

Schnurgerade führt die ehemalige Südstraße bis zum Connewitzer Kreuz. Dort wuchs die Stadt Ende des 19. Jahrhunderts mit dem Dorf Connewitz zusammen. Ihre häufigen Namens-

„Die Löffelfamilie" warb einst für volkseigene Feinkost, heute propagiert sie die familienfreundliche Kiezatmosphäre

Thilo Egenberger lebt in einer Jurte oder in den Wohnungen verreister Freunde, er organisiert Ausstellungen und preist die Südvorstadt als verflossene Philosophie alternativen Lebens

Die Karl-Liebknecht-Straße ist die Tag und Nacht belebte Südtangente – von jungen Leipzigern kurz und liebevoll „Karli“ genannt

Der Maler Kaeseberg wohnt mit Frau Elke und den Söhnen Julien und Morris im Süden (li.), wo sanierte Häuser wie in der Körnerstraße (re.) für die Ankunft in einem neuen Alltag stehen

wechsel haben der Straße bei älteren Leipzigern den Spitznamen Adolf-Südknecht-Straße eingebracht, „KarLi" sagen die jungen und fanden rechts und links ihr Paradies: einen warmen, bezahlbaren, dichten Kiez, in dem sie Firmen gründeten, Geschäfte eröffneten und nachts in alten Fabriken tanzten, bis die Baupolizei kam.

Heute gilt das Gebiet zwischen Auenwald und Alter Messe, zwischen Connewitz und Innenstadt als größtes zusammenhängendes Sanierungsgebiet in Deutschland. Die beliebteste Wohngegend von Leipzig ist es sowieso, angeblich auch der Szene-Bezirk. Zumindest wird er in Lifestyle-Magazinen jedes Jahr bunter und alternativer, so wie die Jugend eines Vierzigjährigen im Rückblick immer wilder wird. Allein der Ruf, ein angesagtes Viertel zu sein, hinterlässt Spuren – und beseitigt andere.

So scheinen nun zum Beispiel die Tage der „Feinkost" endgültig gezählt. Viele Jahre markierte die Ruine des ehemaligen Suppen-Kombinats den Eingang zur Südvorstadt. Kleine Werkstätten und Geschäfte hatten sich dort eingenistet. Wie kein anderes Symbol illustriert die Löffelfamilie das bunte Leben des Viertels. Ein paar Enthusiasten haben die alte Leuchtreklame an einer verrotteten Giebelwand von Spendengeldern restauriert. Seitdem löffelt die Familie wieder. Für mehr als vier Stunden am Abend reicht das Geld allerdings nicht und selbst im Sparbetrieb wahrscheinlich nur noch einige Monate. Was danach wird, weiß keiner. Die Treuhandliegenschaftsgesellschaft will ein Einkaufszentrum aus dem Gelände machen. Angeblich soll der „szenige Charakter" erhalten bleiben. Gekündigt hat man den kleinen Läden und Betrieben trotzdem.

„Es hat eben alles seine Zeit", sagt Sven Lachmann, und das soll ein bisschen so klingen, als würde es ihm nicht viel ausmachen. Tatsächlich aber würde mit der Feinkost nicht nur ihm ein Stück Leben fehlen, sondern dem ganzen Viertel. Den Fabrikhof teilen sich Lachmann und sein Computerladen „Absturz" mit der Fahrradwerkstatt „Rücktritt" und „Mrs. Hippie", einem beliebten Klamottenladen. Sie haben sich Räume aus nackten Hallen geschaffen und mussten immer wieder als Aushängeschilder für alternative Lebensart herhalten. Vielleicht würde ihr Umsatz sogar für eine sanierte Miete reichen, „aber dann hätte jeder nur noch damit zu tun", sagt Lachmann, „und das wäre nicht dasselbe."

Gegenüber hat ein stadtbekannter Einfaltspinsel ein ganzes Haus mit Kinderbildern bemalt. Prompt ging der Besitzer pleite. Alle namhaften Künstler sind längst aus dem Süden geflohen: Neo Rauch, der Zeichenmaler „Kaeseberg", und der Nachwuchs hinterher. Sie haben ihre Ateliers in – manchmal kann man es wirklich nicht mehr hören – Plagwitz und wohnen allenfalls noch hier. „Das ist überhaupt die ideale Mischung", sagt Kaeseberg, „die hässlichen Industrieecken zum Arbeiten und schön traditionell im Süden wohnen."

Die Szene wird erwachsen, und mit ihr das Quartier

Im Feinkostgeschäft Mangiare an der „Karli“ mischt sich Italiens Süden mit Leipzigs Süden. Die Kundschaft des mediterranen Tante-Emma-Ladens ist ebenfalls durchwachsen

Das alljährliche Seifenkistenrennen vom Fockeberg startete wie so vieles in der Südvorstadt als kleiner Spaß unter Freunden – und wurde groß

Vielleicht ist es das, was Leute wie Thilo Egenberger nicht aushalten: Dass man hier auf einmal „nur" noch schön wohnen will, dass ein Viertel erwachsen wird, so wie die Leute, die dort hinzogen, um es nie zu werden, eben auch. Dass sich sanierte Gediegenheit breit macht um die August-Bebel-Straße, eine Art Eppendorf – nur noch nicht so zwanghaft schick wie in Hamburg, und eine Art Kreuzberg in Connewitz, aber lange nicht so abgefuckt wie früher in Berlin. Dass man doch alles haben kann auf knapp zehn Quadratkilometern, aber alles nur halb so wild, gemütlich und aufgelockert.

Im Süden können Punks in Würde eine Familie gründen und abends trotzdem in die gleiche Kneipe flüchten wie früher. Hier wohnt der Oberbürgermeister und hat einen Teil seines Grundstücks als Trinkhalle verpachtet. Zugereiste MDR-Redakteure kaufen zwar im Feinkostladen „Mangiare" ihre italienische Wurst, aber haben vorher im alten Schlachthof den ganzen Tag ein zünftiges Ostalgie-Programm produziert. Der neue Glasturm des Senders ragt fremd über ein Häusermeer voller Schwarzgucker.

So mischt sich alles, junges und altes, die „Hornzsche", wie der Leipziger

MERIAN | TIPP Südvorstadt und Connewitz

CAFÉS & KNEIPEN

Cafe Grundmann
Das Art-déco-Kaffeehaus war schon immer Treff für Künstler, Intellektuelle und Möchtegerns der Südvorstadt. Mittags Lunch; immer hausgemachter Kuchen.
(D/E 7) August-Bebel-Str. 2, Tel. 222 89 62 tgl. ab 10 Uhr

Neuer Treff in unsaniertem Altbau: „Hotel Seeblick"

Frau Krause
Nach dem Tod der legendären Wirtin ist die alte Connewitzer Eckkneipe nun in der Hand junger Nachfolger. Zum Glück denkt niemand daran, irgend etwas zu verändern oder gar die Gardinen zu waschen. Skat auf dem Tisch, die Hölle für Nichtraucher, aber das große Bier vom Fass für zwei Euro.
(E 10) Simildenstraße 8 Tel. 301 21 50 tgl. ab 18 Uhr

Hotel Seeblick
Neues Kaffeehaus in einem unsanierten Haus auf der „KarLi". Chic der Siebziger, Speisekarte mit Preisen zwischen einem (Toast mit Schinken und Käse) und 10 Euro (Drei-Gänge-Menü).
(E 8) Karl-Liebknecht-Str. 125, Tel. 303 24 58 tgl. ab 9 Uhr

Kitchen
Die angesagteste Küche im Süden. Raffinierte Spezialitäten mit Insekten- oder Pilzwochen, alle Gerichte auch zum Mitnehmen, jeden Mittwoch Buffet – „All-you-can-eat" für 10 Euro
(E 7) Arndtstraße 46 Tel. 391 96 49, tgl. ab 18 Uhr, Reservierung empfehlenswert

naTo
Unangefochten die „Mutter aller Szenekneipen", dazu Film, Theater, Konzerte im Saal. Veranstalter von beinahe olympiareifen Sportveranstaltungen wie dem Seifenkistenrennen (Mai) und dem Badewannenrennen (Juni).
(E 7) Karl-Liebknecht-Str. 46, Tel. 391 55 39 Kneipe tgl. ab 19, Sommer ab 16 Uhr, Veranstaltungen meist 20 Uhr www.nato-leipzig.de

KULTUR & PARTY

Ilses Erika
Wohnzimmer-Club im Haus der Demokratie. Abends Tanzcafé mit DJs, Lesungen, Film oder Bands organisiert von „Gudruns Gesellschaft für angewandte Popkultur"; lässige Trendsetter-Atmosphäre.
(E 9) Bernhard-Göring-Str. 152, Tel. 306 51 11 www.ilseserika.de

UT Connewitz
Nach zehn Jahren Leerstand ist das alte Kino wieder geöffnet. Handverlesene Filme, der Saal ist auch Kulisse für Konzert und Theater.
(E 9/10) Wolfgang-Heinze-Str. 12a, Tel. 468 48 66 www.utconnewitz.de

>> weitere Tipps im Infoteil ab S. 120

Auf der Trabrennbahn „Scheibenholz“ geht es an Starttagen nicht vorrangig um das Sehen-und-Gesehenwerden – aber eben auch

seine alten Buden nennt, mit der sanierten Jugendstilfassade, die Gründerzeit vor 100 Jahren mit der neuen seit der Wende, Ossis mit Wessis sogar – dieses Viertel macht sie alle gleich. Vor Dieter sind sie es sowieso.

Dieter Ramke hat hier noch in den Trümmern gespielt und Tomaten geerntet, die aus zerbombten Blumenkästen wucherten. Heute ist er der einzige Kellner im Quartier, der immer korrekt mit weißem Hemd und schwarzer Weste auftritt, früher im „Maitre“, heute im „Grundmann“. Was er nicht leiden kann, sind Schnösel mit Hunden und Gäste, die kippeln. Nach der zweiten Ermahnung tippt ihnen Dieter schon mal von hinten auf den Stuhl – und fängt die Erschrockenen dann lachend auf.

Nach der Spätschicht holt er seinen Lebensgefährten Andreas Reimann im „Felis“ ab, einen stadtbekannten Dichter, der nur in ganz bestimmten Lokalen dichten kann. Dann gehen sie die KarLi entlang und *heeme*, wo Andreas Nashörner sammelt und Dieter seine Saucieren. Seit 24 Jahren sind die beiden ein Paar, seit sechs Jahren ist Alkohol nicht mehr so wichtig in ihrem Leben. Und wenn man Menschen genauso unter Denkmalschutz stellen könnte wie die meisten Häuser in diesem Viertel – dann diese beiden.

„Sag mir, was da oben steht, und ich sag dir, woher du kommst“, sagt Falk Elstermann, Chef der „naTo“, wenn er sich nicht ganz sicher ist. Natürlich spielt das in der ostdeutschen Stadt mit der größten Wessi-Dichte eigentlich keine Rolle mehr, aber eigentlich eben doch: Dann stehen Wessis blöde da, und die Eingeborenen freuen sich, bevor sie mühsam das kyrillische Russki-Deutsch auf der Kneipenwand entziffern: „Цу Хаузе лоифт ди Мите ваитер унд ир хенгт хир рум.“*

Elstermann, 42, ist einer der Wortführer gegen den Kulturabbau, der auch vor der Südvorstadt nicht halt macht. Die Schwimmhalle steht auf der Streichliste, das Kinder- und Jugendzentrum „Halle 5“, viele Projekte pfeifen aus dem letzten Loch und auf der KarLi wöchentlich in Trillerpfeifen. „Die Aufgabe der Stunde ist zu überleben“, sagt Elstermann, „damit wir wenigstens noch da sind, wenn die große Staatskultur zusammenbricht.“

Auch deshalb findet Olympia im Süden weniger Anhänger als anderswo, außerdem haben die Leute längst ihre eigenen Großveranstaltungen: im Juni ein Badewannen-Rennen am Völkerschlachtdenkmal; im Mai rasen sie um den „Prix de Tacot“ mit Seifenkisten den alten Trümmerberg an der Fockestraße hinab und feiern hinterher die überlebenden Rennfahrer. Es ist immer auch ein Triumph der Unabhängigkeit.

Aus privaten Schabernacks sind Volksfeste geworden, „ohne einen Pfennig Subvention“, so Elstermann stolz. Selber machen, ausprobieren; „wir müssen wollen können dürfen“ war eine der schönsten Losungen im Leipziger Herbst. Nirgendwo ist noch so viel davon übrig wie in Südvorstadt und Connewitz. Wenn die ganze Stadt als „Klein-Paris“ durchgeht, dann ist der Süden dessen Montmartre: Familien- und Kneipenviertel in einem, Hausbesetzer-Romantik mit sicheren Erbbauverträgen, zu Fuß in die Oper, mit dem Rad an den See. „Citynahe Waldrandlage“ müsste in Wohnungsannoncen stehen, das ganze für fünf Euro kalt. Solche Wohnungen gibt es aber auch im Süden nicht, jedenfalls nicht im Immobilienteil. Wer hier eine hat, gibt sie nie wieder her.

Anders als im Rest der Stadt wird es hier deshalb langsam eng. Immer neue junge Leute kommen nach, beschreiben die Atmosphäre als „familiär“ und bleiben auch später mit Familie. Im Sommer treffen sich alle bei Eis-Pfeifer in der Kochstraße, der hier seit 50 Jahren das gleiche Eis verkauft. Auch im Laden hat sich seitdem fast nichts geändert, nicht einmal der Preis für die Kugel Eis: Nur das „M“ für Mark hat Pfeifer junior demonstrativ durchgestrichen – und durch ein rundes „€“ ersetzt. Aber muss man deshalb gleich nach Plagwitz?

„Nein“, sagt Thilo, und stöhnt, „die Preise steigen überall von selbst.“ Ein eigener neuer Stadtteil schwebt ihm vor, noch mal ganz von vorn anfangen, neue Projekte, ein Festival vielleicht. Gerade hat er dafür seine Firma verkauft, die mit bis zu 40 Mitarbeitern Tankstellen in ganz Ostdeutschland belieferte. Wahrscheinlich lief das Geschäft zu gut. Werd' erwachsen, Thilo, oder geh nach Plagwitz – nein, werd' es nicht und bleib hier! □

Holger Witzel, *1968 in Leipzig-Connewitz geboren, ist Reporter beim* Stern *und lebt in der Südvorstadt.*

„Zu Chause läuft die Miete weiter und ihr chängt chier rum.“

MERIAN-Top Ten

1. **Passagen** Ein Besuch der architektonisch prächtigen Passagen in der City ist nicht nur an Regentagen oder zum Einkaufsbummel zu empfehlen. (I-L 2/3)
2. **Nikolaikirche** Spätestens seit 1989 ist St. Nikolai nicht nur ein Gotteshaus, vielmehr auch lebendiges Museum für die Wende-Ereignisse. (K 2)
3. **Südvorstadt** Die Läden und Leute sind bunter als in der City, der Lebenstakt ist ein anderer: In Leipzigs Süden lassen sich alternative Ideen besichtigen. (D-F 6-8)
4. **Gewandhaus** Das Konzertpodium Nr. 1 in Leipzig ist ein Ort für hochkarätige Musikerlebnisse. Nicht umsonst heißt es an der Orgel: „Res Severa Verum Gaudium", „Wahres Vergnügen ist eine ernste Sache." (L 3)
5. **Costa Cospuda** So heißt der Cospudener See im Volksmund, Leipzigs neues Erholungsgebiet mit Segelschulen und Ostseesand, entstanden in einem ehemaligen Tagebau. (b 2)
6. **Thomanerchor** Immer freitags und samstags ist der Knabenchor in der Thomaskirche zu hören, meist mit Motetten von Johann Sebastian Bach, der hier einst Kantor war. (I 3)
7. **Leipziger Hauptbahnhof** Nirgendwo sonst verbinden sich Leipzigs Gestern und Heute auf so eindrückliche Weise wie im Hauptbahnhof, dem Schmuckstück der Stadt. (L 1)
8. **Völkerschlachtdenkmal** Man liebt es oder hasst es: Es lässt keinen kalt und übt selbst auf jene, die es ablehnen, seine Anziehungskraft aus: Denkmal für die Völkerschlacht. (G 9)
9. **Gottschedstraße** In Leipzig sind die Nächte länger und bunter als anderswo. Ein Zug durch die Gottschedstraße mit ihren Kneipen macht das deutlich und Spaß. (D 4/H 2)
10. **Zoologischer Garten** Der Zoo hat mit Pongoland, der größten Menschenaffenanlage der Welt, und naturnahen Lebensräumen für die Fauna neue Attraktionen bekommen. (D/E 2)

Leipzig hat viele grüne Oasen, die innerstädtischen Parks, und vor allem den riesigen Auenwald im Süden

Leipzig, ein Klein-Paris

Wer die Stadt vor der Wende erlebt hat, wird sie heute nicht wiedererkennen

Leipzig ist immer auf dem Sprung. Eine Bar, die gestern noch „Letterman" hieß, ist heute das „Chocolate" und morgen vielleicht etwas anderes. Die günstigen Mieten und der Mix aus sanierten und unsanierten Häusern schaffen Nischen für alle, die eine Idee haben und diese zu einer Bar, zu einer Galerie oder zu einem Geschäft ausbauen wollen. So ist Leipzig eine Spielwiese für Kreative und Mutige, die hier eine niedrigere Schwelle überwinden müssen, um mitspielen zu dürfen, als in anderen deutschen Großstädten, westdeutschen zumal, wo der Kuchen längst verteilt ist und die wenigen verfügbaren Krümel teuer sind.
Die stete Veränderung hält Leipzig in Bewegung. Dabei ist die Stadt immer schon weiter, als man eben noch wahrgenommen hat. Nicht nur für den Besucher, auch für Einheimische heißt das: Es macht Spaß zu entdecken. Klassiker wie das Völkerschlachtdenkmal, der Bahnhof oder die großen Kirchen sind beeindruckend, aber es kann gut sein, dass sich die Leipzig-Eindrücke aus anderen Erlebnissen speisen.
Durch Leipzig zu gehen gleicht einer Fahrt in einem kulturellen Paternoster: Es gibt Etagen mit Hochkultur von Bach bis Gewandhaus ebenso wie eine junge, experimentierfreudige Szene. Die architektonische Vielfalt überrascht, gründerzeitliche Opulenz steht neben Jugendstil- und Stalinbauten. Man findet Zeichen für eine Modernität, die viele andere Städte weit hinter sich lässt, und Relikte aus der Vergangenheit, als habe in einigen Straßenzügen die DDR überlebt. Leipzig ist noch immer Baustelle und wird es zunächst bleiben, auf der aber schon heute viel geboten wird. Manch einer kommt mit gemischten Erwartungen nach Leipzig. Manche wollen dann nicht mehr weg. Leipzig ist wie wenige andere Städte in Deutschland: spannend.

Autor des Service-Magazins: Michael Kraske

ANREISE

Mit dem Flugzeug
Direktverbindungen zum Flughafen Leipzig/Halle von den wichtigsten deutschen Städten wie Hamburg, München und Frankfurt/Main. Flüge außerdem von und nach London, Zürich und Wien. Im 30-Minuten-Takt fahren Züge vom Leipziger Hauptbahnhof zum Flughafen und zurück.
Fahrzeit: 15 Minuten.
www.lufthansa.de

Mit der Bahn
Leipzig ist an das ICE-Netz der Deutschen Bahn angeschlossen. Mit IC und ICE ist Leipzig direkt von München, Hamburg, Berlin oder Köln zu erreichen. Der Flughafen Leipzig/Halle ist über ein Bahnterminal mit dem Hauptbahnhof verbunden.
www.bahn.de

Mit dem Auto
Aus dem Süden führt die A 9 von München nach Leipzig, im Norden verbindet sie Leipzig mit Berlin. Von Nordwesten erreicht man die Stadt über die A 14 (aus Hamburg, Bremen, Hannover, Magdeburg). Von Südwesten führt die A 4 über die A 9 nach Leipzig (Anreise aus Stuttgart oder Frankfurt).

UNTERWEGS IN LEIPZIG

Die Leipziger Verkehrsbetriebe (LVB) bedienen mit Bussen, Straßenbahnen und S-Bahnen ein 730 Kilometer langes Streckennetz. Bester Umsteigepunkt für alle Richtungen ist die zentrale Haltestelle Hauptbahnhof bzw. der davor gelegene Willy-Brandt-Platz.
Tickets der LVB: Mobilitätszentrum der Leipziger Verkehrsbetriebe, Willy-Brandt-Platz
Mo-Fr 8-20, Sa 8-16 Uhr
Speziell geschult sind die Fahrer des „Leipziger Info-Taxis“. Sie geben Auskunft über Sehenswürdigkeiten und größere Veranstaltungen.
Tel. 0171 511 16 16

Leipzig Tourist Service e.V.
Die Leipziger Tourismusorganisation bietet in ihrer **Leipzig Information** neben touristischem Info-Material eine Zimmervermittlung für sämtliche Preiskategorien. Angeboten werden auch individuelle Aufenthalte mit Programmen und Arrangements für Tages- oder Mehrtagestouren. Infos über Stadtspaziergänge und Themen-Rundfahrten. Mit dem Kauf der Leipzig Card (siehe unten) erhält der Besucher Preisnachlässe für Restaurants und Kultureinrichtungen wie Kinos, Theater, Museen u. a. Umfangreiche Informationen erhält auch, wer die Stadt mit dem Fahrrad erkunden möchte.
(L 2) Leipzig Information, Richard-Wagner-Straße 1, Tel. 710 42 65, Fax 710 42 71
www.leipzig.de
info@lts-leipzig.de
Mo-Fr 10-18, Sa 10-16, So u. feiertags 10-14 Uhr

Leipzig Card
Inhaber der Leipzig Card fahren umsonst mit Straßenbahn und Bus innerhalb des Stadtgebiets. Bis zu 50 Prozent Preisnachlass gewähren Museen und der Zoo. Bis zu 33 Prozent billiger werden Stadtrundfahrten. 10 Prozent Rabatt werden für viele Kulturveranstaltungen gewährt.
Info-Tel. 710 42 60
Tageskarte: 7,40 €
Dreitageskarte: 15,50 €

Telefon
Vorwahl für Leipzig: 0341. Sie gilt, wenn nicht anders angegeben, für alle Tel./Fax-Nummern.

STADTFÜHRUNGEN

Buchungen über Tel. (0341) 710 42 30

Architektur: Dr. Jürgen Schneider und seine Immobilien
Ein Stadtbummel als Wirtschaftskrimi. Die Tour führt zu den 15 Immobilien, die Schneider nach der Wende in der City kaufte. Erzählt wird aber nicht nur die Geschichte gelungener Renovierungen, sondern auch die vom Aufstieg und Fall einer prominenten Bauherren-Persönlichkeit. *Dauer: zwei Stunden; maximal 25 Personen, ganzjährig auf Bestellung, Preis: 80 €, Fremdsprache: 85 €.*

Leipzig erleben
2-std. Gang durch die Stadt mit den wichtigsten Sehenswürdigkeiten wie Thomaskirche, Altes Rathaus, Mädler-Passage etc. *Maximal 25 Personen, 80 €.*

Leipzig per Bus
Busrundfahrt durch Leipzig zu Attraktionen wie Neue Messe, Schillerhaus und Waldstraßenviertel. Dauer: 2,5 Std., ganzjährig auf Bestellung. *95 € deutsch, 110 € fremdsprachig*

Musikstadt Leipzig
Spurensuche in Leipzigs Musiktradition: Wirkungs- und Lebensorte von Bach, Mendelssohn, Schumann und Wagner, zweistündiger Spaziergang, ganzjährig auf Bestellung. *Maximal 25 Personen, 80 € deutsch, 85 € fremdsprachig*

Wege zu Bach
Besichtigung der Wirkungsstätten St. Thomas und St. Nikolai und Besuch des Bach-Museums. 2,5 Std. Spaziergang, ganzjährig auf Bestellung. *Maximal 25 Personen, 85 € deutsch, 90 € fremdsprachig plus Eintrittsgelder.*

Goethe in Leipzig
Rundgang zu den Aufenthaltsorten, die der Student Goethe ab 1765 aufsuchte. Zweistündig, ganzjährig auf Bestellung. *Maximal 25 Personen, 80 € deutsch, 85 € fremdsprachig plus Eintrittsgelder.*

Der Herbst 89 in Leipzig
Führt in die Nikolaikirche und weiter auf den Pfaden der Montagsdemonstranten, die den Ring entlang zur Stasi-Zentrale

INFO | INHALT

Clara-Zetkin-Park

Seaside Parkhotel

INFO | LEGENDE

Alle Adressen im Info-Magazin sind MERIAN-Empfehlungen. Die Adressen mit dem MERIAN-M zeichnen sich durch ein hervorragendes Preis-/Leistungsverhältnis aus.
M sehr gut, MM herausragend, MMM nicht zu übertreffen.
Preiskategorien Hotels: € DZ unter 50 €, €€ DZ 50-100 €, €€€ DZ 100-150 €, €€€€ DZ über 150 €
Preiskategorien Restaurants (für ein Hauptgericht): € bis 10 €, €€ 10-15 €, €€€ über 15 €.

Die Planquadrate mit großen Lettern (A 3) beziehen sich auf die MERIAN-Karten S. 139-141, die mit kleinen (b 2) auf den Umgebungsplan S. 143. Alle drei Karten finden Sie auch auf der Faltkarte zum Herausnehmen (S. 3).

Daten zur Stadt

Fläche: 297,6 Quadratkilometer
Geographie:
Nord-Süd-Ausdehnung:
22 Kilometer
Ost-West-Ausdehnung:
21 Kilometer
Stadtgrenze: 133 Kilometer
Durchschnitliche Ortshöhe:
118 Meter über NN
Durchschnittliche Jahrestemperatur: 10 Grad Celsius
Einwohner: 496 532,
davon 6,5 Prozent Ausländer
30 000 Studenten
Sozialversicherungspflichtig
Beschäftigte: ca. 200 000
Arbeitslose: ca. 45 000 (ca. 20 Prozent)
Einwohnerdichte:
1668 pro Quadratkilometer
Einwohner im Städtevergleich:
Leipzig auf Platz 13 der deutschen Großstädte
Größte Arbeitgeber: die Stadt, Quelle, Leipziger Verkehrsbetriebe, Verbundnetz Gas und die Universität

MERIAN | TIPP

Mit **www.merian.de,** dem Online-Reiseportal von MERIAN, nach Leipzig und ins Leipziger Umland reisen sowie zu mehr als 5000 weiteren attraktiven Zielen, die in der MERIAN-Familie vorgestellt wurden. Mit vielen Extras, Informationen und Plänen zum Downloaden.

marschierten. Zweistündiger Stadtspaziergang, ganzjährig auf Bestellung. *Maximal 25 Personen, 80 € (deutsch), 85 € (fremdsprachig) plus Eintritte.*

Auf den Spuren des jüdischen Lebens

Vor der Nazi-Herrschaft gab es eine bedeutende jüdische Gemeinde in der Stadt. Der Terror der Nazis kostete Tausende das Leben und zerstörte jüdische Einrichtungen. Zweistündiger Stadtspaziergang, ganzjährig auf Bestellung. *Maximal 25 Personen, 80 € (deutsch), 85 € (fremdsprachig) plus Eintritte.*

Auf der Kneipenmeile Drallewatsch

Besuch im kleinen Barfußgäßchen, dessen aneinander gereihte Kneipen und Bars nachts zum Zentrum der Amüsierlustigen werden. 2,5 Stunden Stadtspaziergang. *Maximal 25 Personen, ganzjährig auf Bestellung, 85 € (deutsch), 90 € (fremdsprachig) plus Getränke.*

VERANSTALTUNGSHINWEISE UND TICKETS

Die *Leipziger Volkszeitung* hat in ihrer Lokalausgabe einen umfangreichen Terminkalender. Den besten monatlichen Überblick mit Tipps und Hintergrundinformationen gibt das Stadtmagazin *Kreuzer.*
Kartenvorverkäufe: Culton Peterssteinweg 9, Tel. 211 41 21
Mo-Fr 10-19, Sa 10-14 Uhr
Ticket-Galerie GmbH
Hainstraße 1, Tel. 14 14 14
Fax 141 41 21
Mo-Fr 9-20, Sa 10-16 Uhr
Ticket Service Leipzig
(in der Leipzig-Information)
Richard-Wagner-Straße 1
Tel. 710 42 85, Fax 710 42 86
Mo-Fr 10-18, Sa 10-16 Uhr

VERANSTALTUNGEN

März/April **Leipziger Buchmesse und Leipzig liest**
Neben Frankfurt die zweite, intimere Messe zum Thema Buch mit zahlreichen Lesungen. (Neues Messegelände und Innenstadt)
April **Leipziger Ostermesse**
Jahrmarktspektakel mit historischen Buden und Handwerk, dazu gibt es mittelalterliche Speisen und Musik. (Markt vor dem Alten Rathaus)
Leipziger Museumsnacht
Mit einer Eintrittskarte können in dieser Nacht alle teilnehmenden Museen der Stadt besucht werden.
Mai **Honky Tonk**
Das nach Angaben des Veranstalters größte Kneipenfestival Europas lässt 80 Bands auftreten. Shuttle-Busse fahren zwischen den Clubs, Kneipen und Bars hin und her.
Internationales Seifenkistenrennen
Szene-Event mit selbst gebauten Fahrzeugen und bis zu 10 000 Besuchern. Leipzigs alternatives Volksfest. (Fockeberg)
Pfingsten **Wave-Gotik-Treffen**
Europaweit einmaliges Treffen der schwarzen Szene mit Konzerten, Lesungen und Märkten. (verschiedene Orte in der Stadt)
Juni **Leipziger Stadtfest**
Trubel und Unterhaltung in der Innenstadt mit Bühnen und Buden. (Innenstadt)
Internationales Badewannenrennen
Regatta mit selbst gebauten Booten. (vor dem Völkerschlachtdenkmal)
August **Classic Open**
Auf einer Großleinwand werden Konzerte aus den Bereichen Oper, Musical und Pop gezeigt. (Markt vor dem Alten Rathaus)
Oktober **Lachmesse – Europäisches Humor- und Satirefestival**
Internationale Künstler präsentieren Kleinkunst und Kabarett. (Leipziger Kabaretts)
Völkerschlacht
Traditionsvereine stellen in historischen Uniformen Szenen aus der Völkerschlacht von 1813 nach. (Leipziger Osten)
Oktober/November **Opernball**
Gesellschaftlicher Höhepunkt in Leipzigs Opernhaus.
November **euro-scene Leipzig**
Festival des zeitgenössischen europäischen Theaters, Festival mit internationalen Ensembles aus den Bereichen Tanz und Schauspiel. (Opern- und Schauspielhaus, Freie Szene)
November/Dezember
Leipziger Weihnachtsmarkt
Historische Karussells, Kunsthandwerk und Glühwein-Buden. (vor dem Alten Rathaus)
Dezember **Weihnachtsoratorium**
Traditionsreiches Konzert mit Thomanerchor und Gewandhausorchester. (Thomaskirche)

BÜCHER UND ZEITSCHRIFTEN

An Leipzigs Ufern

Herausgegeben von Pro Leipzig e. V., 2. Aufl. 2002, 13 €. Bootspartien, Radtouren und Wanderungen an Flüssen, Auen und Teichen – mit Karten und Adressen.

Auf der Spur des Löwen – 125 Jahre Zoo Leipzig

Jörg Junhold, Mustafa Haikal, Pro Leipzig e. V., 31,50 €. Der Zoo von den Anfängen bis heute.

Leipzig Architektur – Von der Romantik bis zur Gegenwart

Wolfgang Hocquél, Passage-Verlag, GVA & Frieden, 2002, 19,90 €. Kurzcharakteristiken bedeutender Gebäude.

DATEN | WETTER

Leipzig	Jan.	Feb.	März	Apr.	Mai	Juni	Juli	Aug.	Sept.	Okt.	Nov.	Dez.
Durchschn. Höchstw. in °C	2	4	8	14	18	23	24	24	20	14	8	3
Durchschn. Tiefstwert in °C	-3	-2	0	4	9	12	14	13	10	6	2	-2
Sonnenstunden pro Tag	1	2	3	5	6	7	7	6	5	3	1	1
Regentage	8	8	8	9	10	10	8	8	8	8	8	9

Das Wetter sei hier wie überall in Ostdeutschland, informiert die Tourist-Info Leipzig – schließlich ist die Stadt vom Kontinentalklima beeinflusst. Im Winter liegt die durchschnittliche Temperatur um den Gefrierpunkt und im Januar/Februar fällt gern mal Schnee. Der Sommer hingegen ist meist durchgehend warm und sonnig – im Juli bei durchschnittlich 19 Grad. Aber auch dann ziehen manchmal Winde auf, hängen dicke Regenwolken schwer über Leipzig und dem Cospudener See.

MERIAN-orbit

Selbst aus 705 Kilometer Höhe ist im Norden von Leipzig, südlich der A14, das Messegelände erkennbar, etwas weiter westlich der Flughafen. Die Stadt wird von Pleiße, Weißer Elster und Elsterbecken geteilt. Südlich von Leipzig liegen der Auenwald als grüne Lunge, zudem mehrere Braunkohle-Tagebaue, einige von ihnen werden gerade mit Wasser gefüllt – auch das ist zu sehen.

Leipzig: Den Wandel zeigen

Nils Gormsen, Armin Kühne, Edition Leipzig, 2000, 25 €. Der Wandel einer Stadt in Bildern und Texten zu mehr als 80 Gebäuden vor und nach der Wende von 1989.

Leipzig, DuMont-Reisetaschenbuch

Tobias Gohlis, 2002, 12,00 €. Alles Wissenswerte ausgezeichnet aufbereitet in einem Reiseführer.

Leipziger Blätter

Redaktion Leipziger Blätter
Die Kulturzeitschrift für Leipzig (erscheint zweimal pro Jahr): Reich bebilderte und illustrierte Geschichten von hoher Kompetenz über Architektur, Theater, Kunst, Musik und Historie aus unterschiedlichen Perspektiven. Informatives Nachschlagewerk für Freunde der Stadt.

Leipziger Landpartien

Doris Mundus, Ulla Heise, Joachim Rosse, Leipziger Messe Verlag, 15,80 €. Tagestouren: Schlösser und Klöster in Leipzigs Umgebung.

Merian live! Leipzig

Gabriele Walter, 2002, 7,95 €. Kompakt-Reiseführer im handlichen Pocketformat mit detaillierten Infos und Karten zum kleinen Preis.

Metamorphose einer Landschaft – Die aufgehenden Seen um Markkleeberg

Lothar Eißmann, Armin Rudoph, Sax-Verlag 2002, 24,50 €. Im Leipziger Süden vom Tagebau zum Naherholungsgebiet.

Zu Fuß durch Leipzig

Gisela Blaumacher, Hans-Jürgen Böhme, C.E.W. Columbus, Forum Verlag Leipzig, 1996, 17,70 €. Spaziergänge zu den Höhepunkten der Leipziger Architektur.

Quer durch Leipzig mit dem Rad

PRO LEIPZIG e. V., 2001, 13 €. 17 Touren zu Architektur, Natur und Kneipen von 4-40 km, mit Karten und Adressen.

MERIAN | TIPP

Bachfest

Feste zu Ehren von Johann Sebastian Bach gibt es überall auf der Welt. In Leipzig wird der Ausnahmemusiker bereits seit 100 Jahren mit einem Fest gefeiert, und die Stadt hat ihren Ruf der erstklassigen Pflege seines musikalischen Erbes in den vergangenen Jahren gefestigt. Jährlich steht ein Aspekt des künstlerischen Schaffens von Bach im Mittelpunkt. Das waren zuletzt „Der junge Bach", sein Verhältnis zur französischen Musik, und im Jahr 2004 ist „Bach und die Romantik" das Thema. Die Veranstaltungen finden an verschiedenen Spielorten statt: im Gewandhaus, in der Alten Börse und in den großen Stadtkirchen. Es gibt auch eine Art Happening mit wechselnden Kurz-Konzerten in der Innenstadt.

Bachfest Leipzig
Kontakt: Tel. 913 73 33
Fax 913 73 35
ticket@bach-leipzig.de
www.bach-leipzig.de

Bach als Open-Air-Event auf dem Leipziger Marktplatz

Dreifaltigkeit am Naschmarkt: Goethe, Börse und Rathaus

(K 2) Alte Börse

Wie ein fürstlicher Pavillon steht dieses frühe Zeugnis des Handels direkt hinter dem Alten Rathaus. Kaufleute ließen den ersten Barockbau der Stadt 1678-1687 bauen. Mittelpunkt seiner prunkvoll verzierten Fassade sind eine zweiarmige Treppe sowie das opulent vergoldete Stadtwappen im Giebelfeld des oberen Portals. Im Börsensaal des prächtig restaurierten Gebäudes, in dem früher die Geschäftsleute zusammenkamen, finden heute Lesungen und Konzerte statt. Auf dem Vorplatz der einstigen Handelsbörse, dem Naschmarkt, erinnert ein Denkmal aus dem Jahr 1903 an den jungen Johann Wolfgang Goethe, der 1765-1768 in Leipzig Jura studierte.

(I/K 2) Altes Rathaus

Das 1556-1557 in nur neun Monaten gebaute repräsentative Rathaus zählt zu den schönsten Renaissancebauten Deutschlands. Die Front zieren sechs Zwerchgiebel, und über dem Hauptportal erhebt sich der asymmetrische Uhrenturm mit einer barocken Haube aus dem 18. Jahrhundert. Über dem Laubengang befinden sich der „Verkündigungsbalkon" der Ratsherren und darüber der „Bläserbalkon" der Stadtpfeifer. Seit dem Umzug des Bürgermeisters ins (>) Neue Rathaus beherbergt das Alte eine Dauerausstellung zur Stadtgeschichte.

(A 1-D 10) Auenwald

Im einstigen Überschwemmungsgebiet von Weißer Elster und Pleiße durchzieht der Auenwald, der größte städtische in Europa, Leipzig 25 Kilometer weit von Nord nach Süd: Südwestlich der City liegen der 1858 nach Plänen von Peter Joseph Lenné angelegte Johannapark und der Clara-Zetkin-Park. Gegenüber der alten Pferderennbahn Scheibenholz erstreckt sich das Waldgebiet Die Nonne; im Norden bieten sich die Burgaue, das Leutzscher Holz und der Möckernsche Winkel für ausgedehnte Wanderungen an. Leipzigs ältester Park, das (>) Rosental, ist vom Hauptbahnhof und Stadtzentrum nur wenige Minuten zu Fuß entfernt.

(I/K 3) Auerbachs Keller

Leipzigs berühmtes Weinlokal wurde 1525 eröffnet und ging dank der Kellerszene in Goethes „Faust" in die Literaturgeschichte ein: „Uns ist ganz kannibalisch wohl, als wie fünfhundert Säuen." Diesem Geist erweisen Gäste des Traditionsrestaurants (> S. 134) mit Besteckklappern vor reichen Wandbemalungen Reverenz.

(L 3) Augustusplatz

Weiträumiger Platz in der City, dessen Bebauung ein Spiegel der jüngeren Stadtgeschichte ist: An der Nordseite steht das Opernhaus aus den späten Fünfzigern des 20. Jahrhunderts, der erste Theaterneubau der DDR. Gegenüber, an der Südseite des Platzes, entstand

Pure Renaissance: das Alte Rathaus von seiner besten Seite

zwischen 1977 und 1981 das (>) Neue Gewandhaus mit der futuristischen Glasfassade. Wie dieses gehört auch das 142 Meter hohe vormalige Sektionsgebäude der Universität – im Volksmund „Weisheitszahn" oder „Uni-Riese" genannt – zu den Leipziger Wahrzeichen. Die unansehnlichen Gebäude daneben wurden anstelle der 1968 gesprengten Paulinerkirche (> S. 138) errichtet. 1927-1928 entstand das elfgeschossige Kroch-Hochhaus, dessen Dach nach venezianischem Vorbild zwei Glockenmänner zieren. Ende der Neunziger bekam der Platz eine Tiefgarage mit gläsernen Aufgängen, die als „Milchtöpfe" verspottet Gegenstand heftiger Kontroversen wurden.

(I 2) **Barfußgäßchen**
Im Sommer verwandelt sich die schmale Gasse in Leipzigs Laufsteg. Tausende flanieren abends an den Freisitzen der Cafés, Bars und Restaurants entlang. Die Open-Air-Bestuhlung nimmt auch die Kleine Fleischergasse mit reich verzierten Jugenstilhäusern und dem zweiten Klassiker unter Leipzigs Gasthäusern ein, dem „Arabischen Coffe Baum" mit dem Kaffeemuseum (> S. 134).

(I 2) **Barthels Hof**
Der letzte erhaltene Handelshof der Stadt wurde 1747-50 errichtet, 1870/71 umgebaut. Im Erdgeschoss wurde zu Messezeiten Handel getrieben. In den oberen Etagen befanden sich Wohnungen und Festsäle. Das Dachgeschoss war Warenlager. Der kleine Innenhof, der Markt und Barfußgäßchen verbindet und einst Symbol für den regen Handel in Leipzig war, ist heute ein Ruhepol in der quirligen City.

(E 5) **Bundesverwaltungsgericht**
Das monumentale Justizgebäude, 1888-1895 im Stil der Neorenaissance gebaut, war Sitz des Reichsgerichts (Vorläufer des Bundesgerichtshofs) und neben dem Reichstag in Berlin das Repräsentationsgebäude des wilhelminischen Kaiserreichs. 1933 fand das Gericht weltweit Aufmerksamkeit, als hier im Reichstagsbrandprozess der bulgarische Kommunistenführer Georgi Dimitroff freigesprochen wurde. Bis 1997 beherbergte das Gebäude das Museum der bildenden Künste, 2002 zog nach aufwändiger Restaurierung das Bundesverwaltungsgericht ein. Der Pleißemühlgraben vor dem Gebäude war seit den fünfziger Jahren des 20. Jahrhunderts unterirdisch kanalisiert und wurde Ende der Neunziger wieder ans Tageslicht geholt.

Barocke Lust: Das Gohliser Schlösschen ist ein Landsitz in der Stadt

(F 6) **Bayerischer Bahnhof**
Der älteste noch betriebene Kopfbahnhof der Welt wurde 1840-1844 für den Bahnverkehr nach Süden errichtet. Von den Zerstörungen im Zweiten Weltkrieg blieb nur die an einen Triumphbogen erinnernde klassizistische Durchfahrt des Bahnhofs verschont.
Bayrischer Platz

(D 1) **Gohliser Schlösschen**
Das kleine spätbarocke Schloss verdankt Leipzig dem Ratsherrn und Geschäftsmann Johann Caspar Richter, der sich 1755-1756 einen damals weit außer-

VÖLKERSCHLACHTDENKMAL

Schaurig schön

An dem Koloss zur Erinnerung an 1813 vor den Toren Leipzigs scheiden sich die Geister

Europas höchstes Denkmal bietet beste Aussicht aus 91 Meter Höhe

Bedrohlich und düster thront das kompakte Mahnmal über Leipzigs Südosten. 300 000 Tonnen Stein lasten auf den tragenden Betonpfeilern. Die nachgedunkelte Verblendung aus heimischem Granitporphyr mit den Kolossalfiguren gibt dem Denkmal sein martialisches Gesicht.
Kein Bauwerk der Stadt polarisiert seine Besucher so wie das **Völkerschlachtdenkmal,** das **1913,** hundert Jahre nach dem siegreichen Befreiungskampf gegen Napoleon, eingeweiht wurde. **1813** hatten die verbündeten preußischen, russischen, schwedischen und österreichischen Heere den Franzosen geschlagen. Schon mit der pompösen Einweihung durch den deutschen Kaiser im Beisein anderer europäischer Staatsoberhäupter begann am Vorabend des **Ersten Weltkriegs** die ideologische Vereinnahmung des mit **91 Metern** höchsten Denkmals in Deutschland. Das setzte sich fort in der Zeit der Nationalsozialisten, in den Jahrzehnten der DDR bis in die Gegenwart, wenn Rechtsradikale vor dem Denkmal aufmarschieren.
Wer das Bauwerk unvoreingenommen besucht, kann sich weder innen noch außen seiner Ästhetik entziehen. Der 68 Meter hohe Innenraum ist in drei Teile gegliedert: In der Krypta halten übermannshohe, auf Schwerter gestützte Krieger vor riesigen Masken Totenwache für die Gefallenen. Darüber liegen die Ruhmeshalle und die Kuppelhalle. Der Aufstieg zur Aussichtsplattform führt über enge Steintreppen. Oben erwartet den Besucher ein grandioser Blick über Leipzig. Im Wasserbecken vor dem Denkmal, das die Tränen der Völker symbolisiert, findet jährlich im Juni das **Internationale Badewannenrennen** statt – ein Happening der besonderen Art.

Erste Postkarten des Monolithen gab es zur Einweihung 1913

(G 9) Prager Straße, Tel. 878 04 71 *April-Okt. 10-18, Nov.- März 10-16 Uhr* Info: www.voelkerschlachtdenkmal.de

PASSAGEN

Symbole stolzer Bürger

Leipzigs einstige Messepaläste vereinen Kommerz, Kunst und Architektur

Das Leipziger Selbstverständnis als Bürgerstadt, deren Wohlstand sich auf einem regen Handel gründet, spiegelt sich in den zahlreichen, architektonisch vielgestaltigen Passagen wieder. Lange lichtdurchflutete Durchgänge und reizvolle Innenhöfe kennzeichnen die Passagen, von denen viele als Messehäuser gebaut wurden. Die berühmteste ist die **Mädler-Passage** im Herzen der Stadt, die 1912-1914 die Gebäude von **Auerbachs Hof** aus dem 16. Jahrhundert ersetzte. Unter dem kassettenförmigen Dach aus Glasbausteinen befindet sich der Eingang zu (>) **Auerbachs Keller,** der durch Goethes „Faust" zu Weltruhm gelangte. In dem 140 Meter langen Gangsystem, das **Mädler-Passage** und **Messehaus** verbindet, präsentieren sich Geschäfte für gehobene Ansprüche inmitten architektonischer Kostbarkeiten wie etwa einer Stuckdecke mit aufwändigem Fresko.

Innen und außen: Specks Hof ist nach kompletter Erneuerung das „Messehaus der Messehäuser"

Ein ähnlicher Geschäftshaus-Typ mit vielen Eingängen und Lichthöfen ist **Specks Hof,** der ebenfalls nach seiner Fertigstellung im Jahr 1929 als Ausstellungsfläche für Messen genutzt wurde. Das Interieur der historischen Passage wurde bei der Restaurierung mit zeitgenössischer Kunst in den Lichthöfen bereichert. Im rekonstruierten Innenhof des angrenzenden **Hansahauses** ist eines der typischen Glasdächer zu entdecken, die die Leipziger Passagen dekorieren und sie über schlichte Konsummeilen erheben. Die moderne Variante dieser Architektur ist die **Juridicum-Passage** am Petersbogen, deren geschwungener Verlauf an den Schaufenstern entlang ebenfalls von einer Glaskonstruktion überdacht wird. Das moderne Leipzig fügt sich so in die Bautradition der Altstadt ein. Innerhalb des (>) Ringes finden sich die Ursprünge des frühbürgerlichen Handels wie in (>) **Barthels Hof**. Die meisten Passagen aber stammen aus dem frühen 20. Jahrhundert, als der Bedarf an Mustermessehäusern stieg. Zu den schönsten Häusern dieser Zeit zählt der **Jägerhof,** der 1911-1920 um drei reich verzierte Innenhöfe angelegt wurde. Die meisten dieser Handelshäuser sind in den vergangenen Jahren sorgfältig restauriert worden und verbinden historische Gebäude mit modernen Bauelementen.

Barthels Hof Markt 8/Hainstraße 1/Kleine Fleischergasse 2 (I 2); **Hansahaus** Grimmaische Straße 13-15 (K 2); **Jägerhof** Hainstraße 17-19/ Große Fleischergasse 11-13 (I 2); **Juridicum-Passage (Petersbogen)** Burgplatz/Petersstraße 36 (I 3); **Mädler-Passage** Grimmaische Straße 3-4/Neumarkt 14 (K 3); **Specks Hof** Reichsstraße 4-6 (K 2)

Nikolaikirche mit 89er-Denkmal

halb der Stadt gelegenen Landsitz bauen ließ. Im Palais überwiegen Stilelemente des Rokoko, ein Deckengemälde in einem der Säle stammt von Adam Friedrich Oeser. Der Schlosspark ist der einzige erhaltene Barockgarten der Stadt. Im Schloss finden Lesungen statt, und ein Café gibt es auch.
Menckestraße 23

(L 1) Hauptbahnhof
Europas größter Kopfbahnhof wurde 1915 eröffnet und Mitte der neunziger Jahre aufwändig um- und ausgebaut, wobei der 267 Meter lange und 33 Meter breite Querbahnsteig geöffnet und mit einer mehrstöckigen Ladenpassage ergänzt wurde (> S. 86-92). An der Ecke Richard-Wagner-/Goethestraße erinnert ein Obelisk an den Bau der ersten deutschen Fernbahnstrecke (1836-1839) von Leipzig nach Dresden.

(G 4/5) Johannisfriedhof
Der Friedhof der 1943 zerstörten Johanniskirche wurde um 1300 als Grabstätte des Lepra-Hospitals angelegt. Dort liegen zahlreiche berühmte Leipziger begraben, so Goethes Zeichenlehrer Adam Friedrich Oeser, erster Direktor der Hochschule für Grafik und Buchkunst, der Kleingärtner und Arzt Daniel Schreber sowie Richard Wagners Mutter und seine Schwester. Zunächst war auch Johann Sebastian Bach hier begraben; später überführte man seine Gebeine in die Thomaskirche.
Täubchenweg/Johannisplatz

(F 10) Lößniger Rundling
Eine städtebaulich originelle kreisrunde Wohnanlage von 1929-1930 mit mehr als 600 Wohnungen im Südosten.

(I 2) **Marktplatz**
Der Mittelpunkt der Stadt erlebte Aufmärsche, Demonstrationen und Hinrichtungen, unter anderem 1824 die von Johann Christian Woyzeck, den Georg Büchner zum Helden seines gleichnamigen Dramas machte. Heute locken fast an jedem Wochenende Stadt- und Bürgerfeste wie historische Märkte, Konzerte und Beach(!)-Volleyballturniere. Flankiert wird der Platz vor dem (>) Alten Rathaus von historischen Gebäuden: An der Nordseite entstand 1555 der schöne Renaissancebau der Alten Waage. Ebenfalls im 16. Jahrhundert errichtet wurden (>) Barthels Hof und das Königshaus, Letzteres erhielt 1706-1707 ein barockes Gesicht. Es beherbergte u. a. Peter den Großen, August den Starken, Friedrich den Großen und Napoleon. Am Eingang zum Barfußgäßchen steht links die spätklassizistische „Kaufhalle" von 1845/46, in der sich heute die Handwerkerpassage befindet. 1926 wurde der Markt unterkellert, und damit entstand die erste Untergrund-Messehalle der Welt. Bald geht es am Marktplatz weiter in die Tiefe: In den nächsten Jahren wird hier eine Haltestelle des City-Tunnels gebaut.

(L 3) **Neues Gewandhaus**
Am Anfang, 1743, bestand das Leipziger „Große Concert" aus gerade mal 16 Musikern. 1781 fand man einen festen Aufführungsort: den Saal, in dem zuvor Tuchhändler ihre Waren feilboten hatten. 200 Jahre nach dem ersten Konzert im „Gewandhaus" wurde das heutige Domizil des berühmten Orchesters eröffnet. Das von außen gut einsehbare Foyer des Neuen Gewandhauses am (>) Augustusplatz wird vom 712 Quadratmeter großen Gemälde „Gesang vom Leben" des Malers Sighard Gille dominiert. Der Große Saal, der an ein Amphitheater erinnert, fasst 1920 Besucher. Zu den früheren Kapellmeistern gehören Felix Mendelssohn Bartholdy, Wilhelm Furtwängler und Kurt Masur.

Kindertraum einer Burg: das Neue Rathaus mit Turm, Türmchen und Zinnen

(I 4) **Neues Rathaus**
Mit Türmen, Erkern und Zinnen, Elementen von Gotik, Renaissance und Barock sowie 600 Sälen und Zimmern im Inneren wirkt der riesige Kalksteinbau (1899-1905) des Architekten Hugo Licht eher wie ein Märchenschloss als wie ein Rathaus. „Eine neue Burg hat sich erhoben", heißt es auf Latein an der Eingangsfront aber aus anderen Grund: Einst stand hier die Pleißenburg aus dem 13. Jahrhundert.

(K 2) **Nikolaikirche**
Kein Gebäude in Deutschland ist so sehr mit der friedlichen Revolution von 1989 verbunden wie Leipzigs größtes Gotteshaus, der Ort der Montagsgebete. Die Kirche wurde um 1165 dem Schutzpatron der Kaufleute geweiht; die heutige Gestalt bekam der ursprünglich romanische Bau 1513-1525 mit dem Umbau im spätgotischen Stil. Der 75 Meter hohe Mittelturm entstand 1555 nach Plänen von Hieronymus Lotter, die barocke Haube wurde 1730-1734 aufgesetzt. Das Kircheninnere ist am Ende des 18. Jahrhunderts im Stil des Klassizismus umgebaut worden. Damals bekamen auch die Säulen ihre Palmengestalt; eine erinnert als Denkmal auf dem Nikolaikirchhof an die Montagsdemonstrationen, die hier nach den Friedensgebeten begannen. Das Altarbild und andere Gemälde stammen von Adam Friedrich Oeser, dem Gründungsdirektor der Leipziger Zeichenakademie.

MERIAN | TIPP

Deutsches Kleingärtnermuseum
Der Leipziger Mediziner Dr. Daniel Gottlob Moritz Schreber gab mit seinen Ideen zur Kindererziehung unter besonderer Berücksichtigung körperlicher Ertüchtigung den entscheidenden Impuls für die Erholung im Garten. 1864, drei Jahre nach Schrebers Tod, entstand der erste Schrebergarten, ein Kinderspielplatz mitten in der Großstadt, und schließlich im Jahr 1870 die erste Kleingartenanlage mit etwa 100 kleinen Parzellen. In dem einzigartigen Museum zur Geschichte des Kleingartenwesens, das in einer denkmalgeschützten Anlage aus dem Jahr 1876 untergebracht ist, belegen Gründungsurkunden und Fotos die Entwicklung von den Pionieren zu einer Massenbewegung mit heute etwa einer Million Mitgliedern. In der historischen Kleingartensiedlung sind vier Gartenlauben aus den Jahren 1890 bis 1930 wieder originalgetreu hergestellt worden. An die Ursprünge des Schrebergartens als Freizeiteinrichtung für Kinder erinnert der historische Spielplatz mit Spielgeräten, wie sie um 1900 aufgestellt wurden
(C 4) Aachener Straße 7
Tel. 2111194, *Di-Do 10-16 Uhr, Erw. 2 , erm. 1,50, Kinder 0,50 €*

Dr. Schrebers Garten ist ein Schrebergarten

(E 6) Peterskirche
Der Turm ragt 88 Meter in den Himmel und ist damit der markanteste Blickfang in der Südvorstadt (> S.110-119). Die im 19. Jahrhundert erbaute Kirche erinnert in ihrer historisierenden Architektur an französische Kathedralen. Hohe, den Stilmitteln der Gotik folgende Fenster bestimmen die Fassade. 2500 Menschen finden im mächtigen Langhaus Platz.
Schletterplatz

(A/B 6/7) Plagwitz
In dem alten Industriestadtteil gibt es neben verfallenen Fabrikhallen auch moderne Lofts, maroder Grauputz steht neben leuchtend rotem Ziegelstein. In der Nonnenstraße (Nr. 17-21) steht am Karl-Heine-Kanal das Gründerzeitgebäude der ehemaligen Buntgarnwerke (> S. 8): ein herausragendes Industriedenkmal, das behutsam restauriert und ein Prachtstück wurde. In der Naumburger Straße und der Industriestraße, wo die mit roten Klinkern verkleidete Konsumzentrale von 1932 zu besichtigen ist (Nr. 85-95), lassen sich viele weitere Baudenkmäler aus jener Zeit entdecken, als Plagwitz bedeutendste Arbeitsstätte Leipzigs war. Um 1900 arbeiteten hier mehr als 6000 Menschen in mehr als 100 Fabriken der Metall- und Textilindustrie.

(H-L 1-4) Ring
Wenn die Leipziger vom „Ring" sprechen, dann meinen sie die Straßen, die um das knapp ein Quadratkilometer große Stadtzentrum führen und 1989 Schauplatz der Montagsdemonstrationen waren. Bis ins 18. Jahrhundert war die Stadt von Befestigungsanlagen umgeben; nach deren Abbruch entstanden dort Ringstraße und Grünanlagen, an deren Gestaltung Gartenarchitekt Peter Joseph Lenné beteiligt war.

(L 4) Ringbau
Ein Hauch von Frankfurter Allee und Ostberlin in Leipzig: In der Nähe des Gewandhauses zieht sich am Ring ein gewaltiges graues Gebäude entlang, das 1953-1955 als zeittypischer Monumentalbau mit fast 200 Wohnungen entstand.
Roßplatz

(I 2) Romanushaus
Das schönste barocke Bürgerhaus (1701-1703) der Stadt steht an der Ecke Katharinenstraße/Brühl. Es markiert den Beginn einer regen Bautätigkeit im frühen 18. Jahrhundert, einer Zeit, in der viele Bürgerresidenzen mit prächtigen Schaugiebeln, architektonischem Zierrat und reicher Farbgestaltung entstanden. Bauherr war der junge Bürgermeister Franz Conrad Romanus, der eine eigene Währung kreierte, ungedeckte Stadtschuldscheine, um das teure Palais zu bezahlen.
Katharinenstraße 23

(B/C 1/2) Rosental
Das Rosental, der nördliche Teil des (>) Auenwalds zwischen Elstermühlgraben und Parthe, kam 1663 aus kurfürstlichem in städtischen Besitz. Den Eigentumswechsel hätte August der Starke 1707 gern rückgängig gemacht, um im Rosental ein Schloss zu bauen. Ein Dutzend Schneisen waren bereits in barocker Gradlinigkeit (teils noch heute zu erkennen) geschlagen, der Plan scheiterte aber am Leipziger Rat, der anderes vorhatte. 1837 wurde das Gelände im Stil eines Englischen Landschaftsparks umgestaltet. Ans Rosental grenzen das (>) Waldstraßenviertel, eines der größten Gründerzeitquartiere Deutschlands, und der Zoo (> S. 100-106 u. 142) mit Blick auf Giraffen und anderes Großwild. Schönes Wanderziel ist der Scherbelberg im Norden, eine längst begrünte Schutthalde vom Ende des 19. Jahrhunderts mit Aussichtsturm. Gute Inline-Skater- und Jogging-Strecken.

Barockes Stadtpalais mit viel Zierat: das Romanushaus

(I/K 4) Stadtbibliothek
In dem säulenverzierten Haus am Eingang zur Südvorstadt befand sich ursprünglich das Völkerkundemuseum. Hugo Licht konzipierte den prachtvollen Bau von 1895 im Stil der italienischen Renaissance. Seit 1990 ist hier die Stadtbibliothek untergebracht.
Wilhelm-Leuschner-Platz

(K 3) Städtisches Kaufhaus
Das Städtische Kaufhaus wurde zu einem Vorreiter des Messehandels: Es entstand 1895 anstelle des Gewandhauses von 1744 für die erste Mustermesse, die auf die Warenmesse folgte, und diente als Messehaus. Interessenten orderten nach Ansicht der Musterexemplare ihre Waren. – Nach aufwändiger Rekonstruktion in den neunziger Jahren des 20. Jahrhunderts haben sich hinter der neobarocken Fassade Geschäfte etabliert.
Neumarkt 9-19

(I 3) Thomaskirche
Die Kirche, in der Johann Sebastian Bach als Thomaskantor von 1723-1750 wirkte, ist für Bach-Fans aus aller Welt

Wieder in ganz in Weiß: die Thomaskirche, Pilgerort der Bachianer

Leipzigs erste Adresse. Der Thomanerchor (> S.76-82) führt regelmäßig Bachs Werke auf; zudem wurden 1950, 200 Jahre nach seinem Tod, die zuvor auf dem Johannisfriedhof (>) bestatteten Gebeine des Komponisten im Chorraum beigesetzt. Das vormalige Gotteshaus des 1212 gegründeten Augustiner-Chorherrenstifts bekam 1482-1496 ein spätgotisches Langhaus. Vor den Feiern zu Bachs 250. Todestag wurde die Kirche restauriert und erstrahlt wieder in Weiß. Auf dem Thomaskirchhof steht ein Bach-Denkmal von Carl Seffner aus dem Jahr 1908. Das Bosehaus gegenüber beherbergt das (>) Bach-Museum.

MUSEEN

Mehrere Museen sind derzeit nicht in ihren angestammten Gebäuden, sondern in Interimsquartieren untergebracht. Zum Beispiel werden das Museum für Völkerkunde, das Museum für Kunsthandwerk und das Musikinstrumentenmuseum ins Grassimuseum, Leipzigs wichtigstes Art-déco-Gebäude, umziehen, sobald die Restaurierung abgeschlossen ist. Die Einweihung ist für Herbst 2005 geplant. Gleiches gilt für das Museum der bildenden Künste, das seine Pforten im Neubau am Sachsenplatz erst Ende 2004 öffnen wird. (Interimsadressen bei den Stichworten).

Stilles Gedenken: Stühle stehen für die Synagoge und ihre Zerstörung

(H 2) Synagoge, Denkmal

Beklemmend und aufrüttelnd zugleich ist das 2001 eingeweihte Denkmal, das inmitten der Kneipenmeile Gottschedstraße an die Zerstörung der Synagoge durch die Nazis 1938 erinnert. Auf der Fläche des früheren Mittelschiffs stehen 140 Bronzestühle.
Gottschedstraße

(C 2/3) Waldstraßenviertel

Leipzigs größtes Gründerzeitviertel liegt im Stadtteil Zentrum-Nordwest. Im früheren Überschwemmungsgebiet der Elster stehen zwischen Zentralstadion (> S. 12) sowie Sportforum und dem (>) Rosental seit Mitte des 19. Jahrhunderts großbürgerliche Villen. Im Gegensatz zu anderen Stadtteilen sind die markanten Straßenzüge um die Waldstraße im Zweiten Weltkrieg weitgehend unzerstört geblieben und präsentieren sich heute mit herausgeputzten Fassaden.

(I 3) Ägyptisches Museum

Umfangreiche Sammlung, die in der Dauerausstellung etwa 300 Stücke zu Geschichte und Kultur Ägyptens zeigt. Plastiken, Reliefs sowie Gegenstände des Totenkultes – einzelne Exponate stammen aus dem 4. Jahrtausend vor Christus.
Burgstraße 21 (Interim)
Tel. 973 70 10
Di-Sa 13-17, So 10-13 Uhr
Erw. 2 €, erm. 1 €

(I 3) Bach-Museum

Im Bosehaus gegenüber der Thomaskirche sind die wichtigsten Exponate zu Leben und Wirken von Johann Sebastian Bach zusammengetragen.
Die Ausstellung würdigt sowohl das Schaffen als Komponist und Thomaskantor in Leipzig als auch den privaten Bach.
Thomaskirchhof 16
Tel. 913 72 00
www.bach-leipzig.de
tägl. 10-17 Uhr
Erw. 3 €, erm. 2 €

ZEITGESCHICHTE

Von Stasi und Trabi

Die Runde Ecke und das Zeitgeschichtliche Forum blicken aus kurzer Distanz zurück

„Der Jahrhundertschritt" vor dem Forum

Gelbbraune Tapeten, Linoleumfußböden und billige Schreibtische in düsteren Nischen: Die Welt der Mitarbeiter des Ministeriums für Staatssicherheit in der Leipziger **Runden Ecke** war trostlos. Ein Gang durch das **Museum in der Runden Ecke** führt in die weitgehend in ihrer piefigen Spießigkeit belassenen früheren Stasi-Zentrale Leipzigs und offenbart die grotesken Methoden des Schnüffelstaates: Eine Maskierungswerkstatt zählt ebenso zum Inventar wie der Nachbau einer Zelle aus der Stasi-Untersuchungshaft oder Geruchskonserven potenzieller Staatsfeinde. Der Wert der Ausstellung liegt weniger in der umfassenden Analyse oder genauen historischen Bewertung der Staatssicherheits-Aktivitäten als in den kleinen Details, die das große Grauen anschaulicher verdeutlichen als jede wissenschaftliche Aufarbeitung. Zwischen den Schautafeln mit Beispielen für die Bespitzelungsmethoden der Stasi bekommt man eine Ahnung von der Atmosphäre, die 40 Jahre lang in dem mächtigen Gebäudekomplex geherrscht haben muss, bis die Montagsdemonstranten die Machtzentrale am **4. Dezember 1989** friedlich besetzten. Dem Verein **Bürgerkomitee Leipzig e.V.** mit seinen ehrenamtlichen Helfern ist es zu verdanken, dass an dieser Stelle ein zeitgeschichtliches Museum mit sinnlichem Erlebniswert erhalten blieb.
Den umfassenden analytischen Blick auf die DDR, den Widerstand und den Weg zur deutschen Vereinigung beansprucht hingegen das **Zeitgeschichtliche Forum,** das am **9. Oktober 1999** von Bundeskanzler Gerhard Schröder eingeweiht wurde. Multimedial und mit Alltags- und Gebrauchsgegenständen wie einem Trabi versehen, dokumentiert die Dauerausstellung wichtige historische Ereignisse wie den Aufstand vom **17. Juni 1953.** Hier wird der Besucher während des Rundgangs durch die großen Kapitel der deutsch-deutschen Geschichte geführt: Zu den kleinen Geschichten, die Geschichte oft sichtbar machen, bleibt man bei diesem musealen Panorama zwangsläufig etwas auf Distanz. Dafür vermittelt die akustische und optische Zeitraffer-Aufarbeitung der Kapitel Mauerbau, Widerstand und Maueröffnung die Historie durchaus auf spannende Art.

(K 2/3) Zeitgeschichtliches Forum Grimmaische Straße 6
Tel. 222 00 *Di-Fr 9-18, Sa-So 10-18 Uhr*
(H/I 2) Museum in der Runden Ecke Dittrichring 24
Tel. 961 24 43 *Mo-So 10-18 Uhr*

AKTIV

Paddeln oder Weltfrieden

Nach der Renaturierung der Flüsse und Kanäle lässt sich Leipzig wieder vom Wasser aus erfahren

Bootsfahrten und Schiffstörns auf dem **Elster-Flutbecken** und dem **Karl-Heine-Kanal** ermöglichen einen völlig anderen Blick auf Leipzig und verheißen zudem eine romantische Spurensuche. Auf dem Flutbecken gleitet man an den Ufern des **Auenwaldes** entlang bis an den Rand des Clara-Zetkin-Parks. Die Strecke ist für Paddler ebenso geeignet wie für Ruderer. Regelmäßig trainieren Leipziger Rudervereine auf der **Elster.** Auf dem **Karl-Heine-Kanal** erkunden Wasserwanderer zugleich die Hinterhöfe der Industriearchitektur von (>) **Plagwitz.** Hier wechseln verrottete Industriebrachen mit renovierten, zu Lofts ausgebauten Fabrikhallen, die teilweise über eigene Anlegestellen verfügen. Kleine Cafés mit Blick aufs Wasser laden zu Zwischenstopps. Unterbrochen wird die Industrielandschaft immer wieder von grünem Wildwuchs an den Ufern. Zwischen Industrie- und Nonnenstraße führt der Kanal zudem unter historischen Bauwerken hindurch. Zur Einweihung der **König-Johann-Brücke** an der Zschocherschen Straße (1863) und der **König-Albert-Brücke** an der Karl-Heine-Straße (1875) besuchten die Namensgeber Leipzig. Jene, die nicht selbst rudern oder paddeln möchten, können den Kanal auch mit der **MS Weltfrieden** erkunden. Das kleine Dieselmotorschiff mit Platz für 25 Passagiere hat schon mehr als ein halbes Jahrhundert Wasser unter dem Kiel. Die gemächliche Fahrt vorbei an Leipzigs Industriedenkmälern dauert eine Stunde.

Duales System: Wandern und Wasserwandern am Heine-Kanal

MS Weltfrieden (Kontakt): Pfaffendorfer Straße 46
Tel. 590 16 47, www.ms-weltfrieden.de *Sa-So 11-17.15 Uhr*
(A/B 9) Bootsverleih Jürgen Herold Antonienstraße 2
Tel. 480 11 24 Info: www.bootsbau-herold.de
Mo-So 10-19 Uhr, auch Motorbootfahrten
(B 9) Bootsverleih Leipziger Kanu-Club e.V.
Pistorisstraße 66, Tel. (wochentags): 401 49 61
(Wochenende): (01 60) 99 78 78 76
(A 5) Café Kanal 28 Am Kanal 28, Tel. 497 24 30
Mo-Fr ab 16 Uhr, Sa-So ab 10 Uhr
Gondelfahrten Weiße Elster (B 6) c/o Ristorante Da Vito
Nonnenstr. 11b, Tel. 480 26 26, Gondeln nach Reservierung
www.da-vito-leipzig.de
(B 5/6) Restaurant & Café Weiße Elster Nonnenstraße 5
Tel. 480 05 42, www.w-elster.de *tgl. 12-24 Uhr*

(D 5) Galerie für zeitgenössische Kunst
Spannende Plattform für Gegenwartskunst in einer stilvollen Villa mit architektonisch interessantem Anbau und wechselnden Ausstellungen. Verschiedene Ausdrucksformen von Malerei über Videoinstallation bis zum Happening.
Karl-Tauchnitz-Straße 11
Tel. 14 08 10, www.gfzk.de
Di-Sa 14-19 Uhr, So 12-19 Uhr
Erw. 3 €, erm. 2 €

(I 2) Kaffeemuseum
Seit 1694 wird im Traditionshaus „Zum Arabischen Coffe Baum", in dem das Museum beheimatet ist, Kaffee ausgeschenkt. So lange wie in keinem anderen europäischen Café: Präsentiert werden Kaffeehaus-Kultur mehrerer Jahrhunderte, Kaffeemühlen und Tassen sowie die passende Musik.
Kleine Fleischergasse 4
Tel. 961 00 60
tgl. 11-19 Uhr, Eintritt frei

Zu sehen sind Räume mit den originalen Möbeln sowie eine Ausstellung zu Leben und Werk des Komponisten und Gewandhauskapellmeisters.
Goldschmidtstraße 12
Tel. 127 02 94
tgl. 10-18 Uhr, So 11 Uhr Konzert. Museum: Erw. 3 €
Konzert: Erw. 10 €, erm. 7 €

(K 2) Museum der bildenden Künste
Mit dem Gründungsjahr 1858 eines der ältesten deutschen Bürgermuseen mit bedeutenden Werken aus dem Besitz von Leipzigern. Schwerpunkte: deutsche Kunst des 14. und 15. Jahrhunderts, holländische und flämische Malerei, die deutsche Romantik, viele Werke von Max Klinger, Arbeiten aus den zwanziger und dreißiger Jahren, DDR-Kunst.
Katharinenstraße 10
Tel. 21 69 90
(Das Museum öffnet im Dez. 2004 unter der o.g. Adresse)

Plattform der Moderne: die Galerie für zeitgenössische Kunst

(G 5) Kamera- und Fotomuseum Leipzig
In einem denkmalgeschützten Fachwerkhaus erzählt eine feine Sammlung historischer Kameras die Geschichte der Fotografie, darunter ist eine große Repro-Kamera aus dem Jahr 1890. In der Galerie finden regelmäßig Ausstellungen statt, die vom Porträt bis zum Akt vielfältige Fotokunst zeigen.
Gottschalkstraße 9
Tel. 651 57 11
Mi, Sa, So 13-17 Uhr, Preise: Erw. 3 €, erm. 2 €

(L 4) Mendelssohn-Haus
Hier lebte und arbeitete Felix Mendelssohn Bartholdy von 1845 bis zu seinem Tod 1847.

(K 3) Museum für Kunsthandwerk
Sammlung von europäischem und außereuropäischem Kunsthandwerk von den Anfängen bis zur Gegenwart. Reiche Sammlung an Leipziger Goldschmiedekunst, Reliefzinn, Porzellan, Keramik und Textilarbeiten von frühen koptischen Geweben bis zu Bauhausstoffen.
Neumarkt 20 (Interim)
Tel. 213 37 19
Di, Do-So 10-18, Mi 10-20 Uhr
Erw. 4 €, erm. 3 €

(K 2/3) Museum für Völkerkunde
Umfangreiche Ausstellung zu den ethnographischen Bereichen Europa, Afrika, Asien,

Klassische Akzente: Mendebrunnen und Oper am Augustusplatz

Amerika, Ozeanien und Orient. Die Kontinente werden als Weltrundgänge nach Art klassischer Bildungsreisen präsentiert.
Mädler-Passage und Grimmaische Str. 2-4 (Interim)
Tel. 268 95 68
Di-Fr 10-18, Sa-So 10-17 Uhr
Erw. 2 €, erm. 1 €

(I 3) Musikinstrumentenmuseum
Mehr als 5000 Exponate geben einen gründlichen Einblick in die Instrumentenkunde. Viele Kostbarkeiten wie einer der ältesten Hammerflügel der Welt von Bartolomeo Cristofori oder das älteste Clavichord von Domenicus Pisaurensis.
Thomaskirchhof 20 (Interim)
Tel. 21 20 180
Di-So 11-17 Uhr
Erw. 3 €, erm. 1,50 €

(D 1) Schillerhaus
In dem Haus in Leipzig-Gohlis lebte Friedrich Schiller im Jahr 1785. Die Ausstellung dokumentiert die Leipziger Schaffensperiode des Schriftstellers.
Menckestraße 42, Tel. 566 21 70
Apr-Okt Di-So 10-18 Uhr
Nov-März Mi-So 10-16 Uhr
Erw. 2 €, erm. 1,50 €

(K 2) Stadtgeschichtliches Museum
In dem funktionalen Museumsneubau werden zahlreiche Ausstellungsstücke zur Genese der Stadt gezeigt: Gemälde wichtiger Leipziger und Erläuterungen zu ihrem Wirken; Stadtveduten aus mehreren Jahrhunderten.
Böttchergäßchen 3
Tel: 965 13 40
Di-So 10-18 Uhr
Erw. 3 €, erm. 2 €

MUSIK & BÜHNE

(L 3) Gewandhausorchester
Das Gewandhausorchester lädt im (>) Neuen Gewandhaus jährlich zu 48 Sinfoniekonzerten, 12 Kammermusikabenden und mehr als 20 Sonderkonzerten ein. Die Musiker spielen auch regelmäßig in den beiden großen Stadtkirchen.
Augustusplatz 8, Tel. 127 00
Fax 127 02 00
www.gewandhaus.de

(L 2) Oper
Die Leipziger Oper verfügt über eine Tradition, die bis ins Jahr 1693 zurückreicht, und über ein Opernhaus von 1960. Unter der Intendanz von Udo Zimmermann erwarb sich die Oper in den neunziger Jahren den Ruf als innovative Spielstätte, die der Oper in Deutschland neue Impulse gab. Neben Opern- auch Ballett- und Tanztheater-Aufführungen; bespielt vom Gewandhausorchester.
Augustusplatz 12
Ticket-Hotline: 1261261
www.oper-leipzig.de

(H/I 2) Schauspielhaus
Ambitioniertes Großstadttheater mit den Spielstätten Große Bühne, Theater hinterm Eisernen und Horch & Guck. Das Repertoire reicht von Klassiker-Adaptionen bis hin zu modernem Stücken. Wechselnde Regisseure feierten in den vergangenen Jahren Achtungserfolge.
Bosestraße 1, Tel. 126 80
www.schauspiel-leipzig.de

(H 2) Neue Szene
Intime Bühne mit Platz für bis zu 150 Gäste. Auf dem Spielplan stehen zeitgenössische Stücke mit sozialkritischen Themen. Bespielt wird die Bühne vom Ensemble des Schauspielhauses.
Gottschedstr. 16, Tel. 980 48 42
www.schauspiel-leipzig.de

KONZERT & LESUNG

(K/L 3) Moritzbastei
In den Gewölben des Studentenclubs treten regelmäßig Bands und Künstler vieler Stilrichtungen auf. Intime Club-Atmosphäre bei Lesungen und Konzerten mit namhaften Künstlern aus der Region und internationalen Stars der Jazz-Szene. In dem weit verzweigten Labyrinth unter der Erde gibt es diverse Auftrittsorte. Die MB ist ein Klassiker der Leipziger Kulturszene.
Universitätsstr. 9, Tel. 70 25 90
www.moritzbastei.de

(E 7) NaTo
Die stadtbekannte Szene-Kneipe bietet ein kulturelles Programm von Lesung und Konzert bis zum Kino, das kleine internationale Produktionen vorstellt, die es nicht mal in die Programmkinos schaffen. Die NaTo ist ein Klassiker auf Leipzigs Südmeile.
Karl-Liebknecht-Str. 46/48, Tel. 301 43 97, www.nato-leipzig.de

(A 5) Schaubühne Lindenfels
In den Salons und Sälen der Schaubühne machen renommierte Literaten ebenso Station wie unbekannte Bands. Das kreative Programm der alternativen Bühne reicht von Bällen über Kongresse bis hin zum ambitionierten Programmkino.
Karl-Heine-Str. 50, Tel. 48 46 20
www.schaubuehne-lindenfels.de

(E 9) Werk II Kulturfabrik Leipzig
Am Connewitzer Kreuz gelegen, ist die alte Fabrikhalle einer der wichtigsten Orte der Stadt für Konzerte, die mehr Zuschauer anlocken als ein Club fassen kann. Neben Musik-Events unterschiedlicher Färbung bietet das Werk II auch einen Platz für Off-Kultur; zum Beispiel treten die Connewitzer Cammerspiele mit ihrem aus Alltagsgeschichten gespeisten Programm in einem kleinen Saal auf.
Kochstr. 132, Tel. 308 01 40
www.werk-2.de

MERIAN | TIPP

(C 7) Goldener Reiter
Der Leipziger Künstler Ritchie Riediger ließ sich vom Dresdner Goldenen Reiter, dem Standbild Augusts des Starken, inspirieren und schuf eine sehr gegenwärtige Leipziger Variante mit einem Pferd ohne Reiter. Die fluoriszierende Plastik wechselt in ihrem gläsernen Kubus je nach Standort des Betrachters Aussehen und Farbe. Die moderne Plastik am „Leipziger Eck", dem Zusammenfluss von Elsterflutbecken und Pleiße, zwischen der Rennbahn Scheibenholz und dem Schleußiger Weg, ist fünf Meter hoch und elf Tonnen schwer.

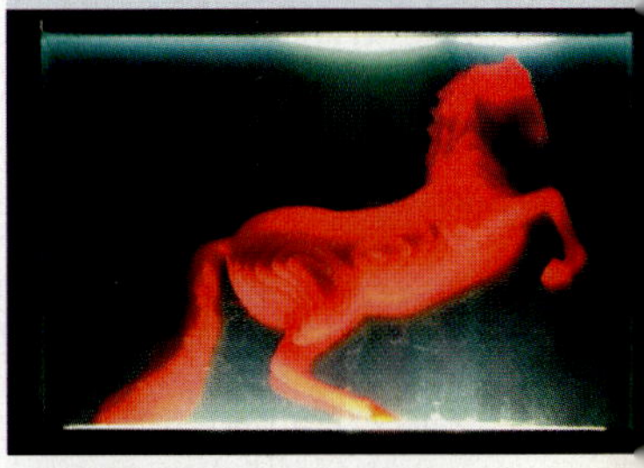

Kabarett

Kabarett war in Leipzig schon vor der Wende eine Möglichkeit, über das zu lachen, was eigentlich einen ernsten Hintergrund hat. Nach 1989 blieb die Kultur des politischen Kabaretts erhalten. Waren nach der Wende vor allem die Gegensätze von Ossis und Wessis Thema der Programme, gibt es heute ein breit gefächertes Angebot von politischem Kabarett bis hin zu moderner Comedy.
(K 3) Academixer
Kupfergasse 2, Tel. 21 78 78 78
www.academixer.de
(I 2) Leipziger Brettl
Schuhmachergäßchen 1
Tel. 961 35 47
www.leipzigerbrettl.de
(K 2) Leipziger Funzel
Nikolaistraße 10, Tel. 960 32 32
www.leipziger-funzel.de
(I/K 3) Kabarett Sanftwut
Grimmaische Straße 2-4
Tel. 961 23 46
www.sanftwut.de
(I 3) Pfeffermühle
Thomaskirchhof 16
Tel. 960 31 96, www.kabarett-leipziger-pfeffermuehle.de

SITE-SEEING

TEXT: PETER GLASER

Luftdrehkreuz Leipzig-Halle

Nur hinfahren ist schöner

Im Internet durch die Sachsenstadt: Webcams und nützliche Portale

Im heutigen „Schillerhaus" in der Leipziger Menckestraße schrieb Friedrich Schiller die erste Fassung seiner „Ode an die Freude", und bis heute gibt es genug Gründe, sich in dieser Stadt wohlzufühlen. Empfehlenswert für einen Überblick sind Websites wie das Stadtportal **www.leipzig.de**, das Stadtinfomagazin **www.leipzig-online.de** (mit Hintergrundinformation, Neuigkeiten und jeder Menge Tourismus- und Freizeittipps), **www.treffpunkt-leipzig.com** (mit Stadtrundgängen, Touren und Themenführungen), **www.leipzig-info.net** (u. a. mit mobilen Leipzig-Infos für PDAs und einem Schwung Webcams), **www.stadtnetz-deutschland.com/stadt/leipzig** (alles von Arbeit bis Unterkunft) oder **www.urlaubsspass.de** (unter „Für Sie entdeckt...": „Leipzig – die heimliche Hauptstadt"). Besonders im Frühjahr rauschen hier die Blätter: zur Leipziger Buchmesse (**www.leipziger-buchmesse.de**). Aber auch das übrige Jahr hat sowohl die Leipziger Messe (**www.messe-leipzig.de**), die auf eine über 800-jährige Geschichte zurückblickt, als auch die Welt der Bibliophilie reichlich Stoff zu bieten: **www.bibliocity.de/html/stadtplan.htm** listet Links zu den zahlreichen bemerkenswerten Bibliotheken und Archiven der Stadt auf. Wer verweilen möchte, kann sich unter **www.stadtplandienst.de** erst einmal orientieren und dann beispielsweise unter **www.leipzig-kommt.de/hotel** ein Hotelzimmer suchen und buchen. Unter **www.citynett.de/cn/leipzig** firmiert eine kleine Leipzig-Suchmaschine, unter **www.leipzig-news.com** ein Stadtverzeichnis mit Fotogalerien und Kleinanzeigen. Die *Leipziger Volkszeitung* lässt sich unter **www.lvz-online.de** auch online lesen. Veranstaltungstermine, Tickets und interessante Locations unter **www.leipzig-life.de** oder **www.leipzigplus.de**. Die Auswahl ist groß, ob es Sie nun in die neuen Glashäuser im Botanischen Garten der Universität mit ihren Orchideen und Schmetterlingen zieht (**www.uni-leipzig.de/bota**) oder in die „Runde Ecke" (**www.runde-ecke-leipzig.de**), in das Stasi-Museum.
Auskünfte zur bestmöglichen Fortbewegung erhalten Sie unter **www.leipzig-halle-airport.de** (Fluginformationen), **www.mdv-info.de** (Mitteldeutscher Verkehrsverbund – im Großraum Leipzig/Halle einheitliche Tarife für Zug, Tram und Bus) oder **www.lvb.de** (Leipziger Verkehrsbetriebe nebst Fahrplan). Last but not least ist auch das gastronomische Angebot weit gefächert, von Auerbachs Keller (**www.auerbachs-keller-leipzig.de**), seit 1525 bestehend, über Schnitzelfabrik mit Schnitzel im XXL-Format (**www.schnitzel-fabrik.de**) bis zum Volkshaus mit seiner bunten Szene (**www.Volkshaus-Leipzig.de**).

(b/c 3) **Altenburg**
Das Skatspiel, Deutschlands beliebtester Breitensport, wurde Anfang des 19. Jahrhunderts in Altenburg erfunden. Eine illustre Runde beherzter Spieler, darunter der Leipziger Verleger Friedrich Arnold Brockhaus, stellte erste Regeln auf, der Rest ist längst Skat-Geschichte, und die Stadt wuchert ordentlich mit diesem Pfund: Freunde des Spiels werden am Skatbrunnen wie auch am Schloss- und Spielkartenmuseum (Di-So 10-17 Uhr) ihre Freude haben. Obendrein sehenswert sind Schloss (1826-1918 residierten hier die Herzöge von Sachsen-Altenburg), der vermutlich von Peter Joseph Lenné gestaltete Schlossgarten, die spätgotische Schlosskirche mit reichem Schnitzwerk und Barockorgel sowie das Renaissance-Rathaus in der Altstadt, eines der schönsten in Thüringen.
Anfahrt über die B 95 und die B 93 in Richtung Süden

(b 1) **Altjeßnitz, Irrgarten**
Im wunderbar verwilderten Park eines nur noch fragmentarisch erhaltenen Ritterguts liegt ein Heckenlabyrinth aus dem Barock – der größte und älteste Irrgarten, den es heute in Deutschland gibt. Auf einer Fläche von 53 mal 51 Metern geleiten Hecken aus mehr als zwei Meter hoher Hainbuche in Sackgassen und auf einen zentralen Platz. Wer den kürzesten Weg (400 Meter) findet oder kennt, kann ihn in sechs Minuten absolvieren. Der Unkundige kann sich – wie der Name „Irrgarten" schon sagt – stundenlang verirren (*tgl. 8-19 Uhr*).
Anfahrt: Richtung Norden an der B 184 hinter Wolfen

(c 3) **Burg Gnandstein**
Der Graben, die Wälle und die 18 Meter hohe Schildmauer erinnern an Ritterfilme. Die spätromanische Burg Gnandstein, um 1200 erbaut, gehört zu den am besten erhaltenen Burganlagen in Deutschland. Wohnhaus, Rittersaal und die Schildmauer stammen noch aus dem Mittelalter, manche Aus- und Anbauten fügte die berühmte Adelsfamilie von Einsiedel hinzu – sie bewirtschaftete die Burg von 1384-1945. Gnandstein beherbergte über die Jahrhunderte zahlreiche prominente Besucher, zum Beispiel Napoleon im Jahr 1813. Spannendes Burgmuseum (*Di-So 10-17 bzw. 18 Uhr, Dez. Di-Sa 10-16 Uhr, Jan. Sa-So 10 -16 Uhr*). Einen Besuch lohnt auch Kohren-Sahlis, ein schmuckes Städtchen mit großer Töpfertradition und allgegenwärtigem blau-weißen Steinzeug.
Anfahrt über die B 95 Richtung Süden

(c/d 2) **Burg Mildenstein**
Die stattliche Burg hoch über dem Flüsschen Mulde (im heutigen Ort Leisnig) wurde vom 11. Jahrhundert an zur befestigten Kaiserpfalz für die in ihren Territorien umherziehenden Herrscher ausgebaut. Gebäude wie das Kornhaus oder das Herrenhaus enthalten originale Bauelemente aus mehr als 800 Jahren. Sehenswert sind auch die Burgkapelle St. Martini mit sakralen Plastiken und die regionalhistorische Ausstellung in den Rittersälen (*Apr-Okt Di-So 9-17, Nov-März Di-Fr 9-16, Sa-So 9-17 Uhr*).
Anfahrt: A 14 Richtung Dresden bis Abfahrt Leisnig

Schloss Hubertusburg war das Jagdhaus Augusts des Starken

(c 1) **Dübener Heide**
Nur wenige Kilometer Richtung Norden liegt zwischen Mulde und Elbe ein ausgedehntes Waldgebiet, der Naturpark Dübener Heide mit einem weit verzweigten Wander- und Radwegenetz, Hochmooren und der Stadt Bad Düben als Mittelpunkt. Das dortige Museum gibt Einblicke in Handwerks- und Landbautraditionen der Heidebewohner sowie in die 300-jährige Geschichte des Abbaus von Alaun, eines schwefelhaltigen Tons *(Di-Do 9.30-16, Fr 9.30-12, Sa 13-17, So 10-17, bzw. 16 Uhr)*.
Anfahrt: B 2 Richtung Norden

Burg Mildenstein in schönster Lage hoch über der Mulde

(b 2) **Lützen, Gustav-Adolf-Gedenkstätte**
Ein Park und eine Gedächtniskapelle aus dem Jahr 1907 markieren den Ort, an dem im Jahr 1632 die Schlacht bei Lützen tobte und der schwedische König Gustav II. Adolf am 6. November getötet wurde. Gleichwohl siegten die protestantischen Schweden über das von Wallenstein angeführte kaiserliche Heer der Katholischen Liga. Unter den jährlich bis zu 20 000 Besuchern sind viele Schweden und Finnen *(März-Nov 10-12 u. 13-16 Uhr; Apr-Okt Di-So 10-12 u. 13-17 Uhr)*.
Anfahrt: auf der B 87 Richtung Südwesten

(a 2) **Merseburg**
In der bedeutenden Königspfalz Merseburg wurden zwischen 933 und 1213 20 Reichstage abgehalten. Im Schloss ist das Kulturhistorische Museum *(Di-So 11-17 Uhr)* untergebracht. Zu den herausragenden Gebäuden im historischen Stadtbild gehören der 1021 geweihte Dom St. Johannes Baptista und St. Laurentiu und das Alte Rathaus aus dem 15. Jahrhundert.
Anfahrt: Richtung Westen auf der B 181

(c 2) **Klosterruine Nimbschen**
Von dem einst mächtigen Zisterzienserkloster aus dem 13. Jahrhundert blieb nur eine Ruine. 14 Jahre hat Katharina von Bora hier gelebt, ehe sie 1523, in einem Heringsfass versteckt, aus dem Kloster floh. Zwei Jahre nach der Flucht heiratete sie Martin Luther, der seinerzeit noch Mönch war.
Anfahrt: Richtung Südosten auf der A 14, Abfahrt Grimma

(c 2) **Pomßen, Dorfkirche**
Die romanische Wehrkirche birgt ein wertvolles Interieur aus späteren Epochen: einen Sandsteinaltar aus dem 16. Jahrhundert, eine Renaissance-Orgel von 1671 und eine barocke Kassettendecke.
Anfahrt: Richtung Südosten auf dem Weg nach Grimma

(d 2) **Schloss Hubertusburg**
Die prächtige Barockfassade erinnert daran, dass August der Starke sich mit dem Jagdschloss einen der prunkvollsten Landsitze Europas geschaffen hatte. Nur vom Interieur ist leider nichts geblieben, da die Preußen das Schloss im Siebenjährigen Krieg plünderten. Durch den „Frieden von Hubertusburg“, der 1763 den Krieg beendete, ging das Schloss in die Geschichte ein. Einen Besuch lohnen die Schlosskapelle und das Museum mit dem Schwerpunkt Siebenjähriger Krieg. *(Haus 21,Di-Fr 10-17, Sa, So 11-17 Uhr)*.
Anfahrt: Richtung Osten auf der A 14 über Mutzschen

(c 1/2) **Schloss Machern**
Das alte Rittergut liegt in einem romantischen Landschaftsgarten, der ab 1782 nach Anregungen aus dem Wörlitzer Park entstand. Mittelalter- und Freimaurerverehrung bestimmen die Auswahl und die Arrangements der Denkmäler und Gebäude in dem Park, die Ritterburg zum Beispiel ist eine künstliche Ruine.
Anfahrt: B 6 Richtung Osten

(d 1) **Torgau**
Die Marienkirche, die Bürgerhäuser und das Schloss Hartenfels weisen auf die frühere Bedeutung von Torgau hin, das im 15. Jahrhundert zur Residenzstadt der ernestinischen Kurfürsten und zu einem Zentrum der Reformation aufstieg. Bis ins 17. Jahrhundert Nebenresidenz der sächsischen Kurfürsten, erlangte Torgau noch einmal historische Bedeutung, als sich dort Russen und Amerikaner am 25. April 1945 trafen. An den Handschlag an der Elbe erinnert heute ein Denkmal.
Anfahrt: Richtung Nordosten auf der B 87 über Eilenburg

MERIAN | TIPP

(I 2) **Zill's Tunnel**
Leipzigs Gastronomie ist ein schnelles Kommen und Gehen. Noch immer eröffnen beinahe täglich neue Restaurants, Bars oder Clubs und sind oft genau so schnell wieder verschwunden. Darüber hinaus gibt es auch Orte von Dauer – wie Zills Tunnel. Bei der Renovierung 1999-2000 wurde das Gewölbe so hergerichtet, wie es schon der legendäre Bierwirt Zill im Jahr 1841 bewirtschaftet hat. Mit viel Sinn fürs Detail entstanden sogar die alten Wandmalereien neu. Selbst die Stühle sind eine Hommage an das 19. Jahrhundert, als in der Bürgerstadt Leipzig sächsische Gemütlichkeit zelebriert wurde. Heute bietet Zills Tunnel verschiedene Gaststuben, alle so rustikal gehalten wie die Speisekarte. Da gibt es die „Schlachdebladde" oder „Ne Fanne nach'm Werd Zill". Dass die urigen Stuben auch anregend wirken können, bewies Carl Friedrich Zöllner, der hier seinen Top-Hit ersonnen haben soll: „Das Wandern ist des Müllers Lust."
Barfußgäßchen 9, Tel. 960 20 78
tgl. 11.30-24 Uhr €€€

Auerbachs Keller ist mit dem Gründungsjahr 1525 nicht nur historisch, sondern auch kulinarisch eine verlässliche Größe

RESTAURANTS

(I 3) **Auerbachs Keller** M M
Luther war Stammgast, Goethe ließ seinen Faust in dem 1525 eröffneten Traditionslokal zechen: Auerbachs Keller gehört schon lange zu den ersten gastronomischen Anlaufstellen Leipzigs. Sächsische Gerichte dominieren die Speisekarte, saisonale Komponenten verfeinern sie, im „offenen Keller" der verschiedenen Gewölbe dreht sich ein Bratspieß.
Grimmaische Straße 2-4
Tel. 21 61 00, *tgl. ab 11.30 Uhr* €€€

(I 4) **China White** M
Asiatische Kochkunst statt eintöniger China-Küche. Klassiker wie Ente werden mit raffinierten Saucen aufgepeppt; Finger Food, Dim Sum und gute Preise.
Peterssteinweg 17
Tel. 149 19 66, *tgl. 11.30-14.30, 17.30-23 Uhr* €€

(K 2) **Classico** M
Puristisch eingerichteter Edel-Italiener, versteckt in hübschem Innenhof gelegen. Wechselnde Speisekarte. Immer zu haben und gut: Risotto mit Äpfeln und Tintenfisch mit Kartoffeln.
Nikolaistraße 16, Tel. 211 13 55
Mo-Sa 12-14.30 Uhr, 18-24 Uhr €€€

(D 1) **Drogerie** M
Edle Adresse in Gohlis: erlesene Gerichte aus Zutaten frisch vom Markt, gut sortierte Getränkekarte. Reservieren.
Schillerweg 36, Tel. 590 63 09
tgl. 18-2 Uhr €€€

(E 7) **Frantisek**
Der böhmischen Küche und soliden Sättigung verpflichtetes Gasthaus, gemütlich. Tipp: Schwarzbiergulasch.
Arthur-Hoffmann-Straße 71
Tel. 211 66 10, *Mo-Fr 11.30-14.30, 17-23 Uhr, Sa 11.30-24 Uhr, So nur bis 22 Uhr* €€

(F 6) **Gasthaus und Gosebrauerei Bayerischer Bahnhof**
Herzhafte bayerische und sächsische Küche im restaurierten Bayerischen Bahnhof, der Platz für 400 Personen in kleinen und großen Gaststuben bietet. Selbst gebrautes Bier im Wintergarten oder im Biergarten.
Bayrischer Platz 1
Tel. 124 57 60, *tgl. ab 11 Uhr* €€

(D 1) **Gosenschänke Ohne Bedenken** M
Rustikales Traditionshaus mit Biedermeier-Charme. Zu Fleischspezialitäten wird die Leipziger Gose serviert, das obergärige Bier aus der Region. Im Sommer einer der schönsten Biergärten der Stadt: 500 Plätze unter alten Bäumen; Deftiges vom Holzkohlegrill.
Menckestraße 5, Tel. 566 23 60
tgl. ab 12 Uhr €

(K 3) **Kaiser Maximilian** M
Cremefarbener, hell erleuchteter Speisesaal, stilvoll gedeckte Tische; gehobene Küche, die französischen und italienschen Rezepten verpflichtet ist. Pianomusik live, bester Service.
Neumarkt 9-19, Tel. 998 69 00
tgl. 12-15, 18-24 Uhr €€€€

(H 2) **Koslik**
Kulinarisches Highlight an der angesagten Gottschedstraße. Leckere Pizzen, Schnitzel XXL und Pastagerichte. Massive

Der Gosenschenke-Biergarten bietet Gose „Ohne Bedenken"

Holztische und gedämpftes Licht. Als optische Dreingabe trifft sich hier die Szene zum Sehen und Gesehen werden.
Zentralstr. 1, Tel. 998 59 93
tgl. ab 9 Uhr €€€

(E 3) **La Cachette** MMM
Malerisch am Flüsschen Parthe gelegen, dezentes Interieur, exzellente französische Küche, erlesene Weine. Aufmerksamer, aber unaufdringlicher Service.
Pfaffendorfer Str. 26
Tel. 562 98 67, *Di-Sa 11-24 Uhr* €€€

(E 8) **Maha-Radscha**
Gedämpfte indische Schlagermusik und großes Angebot an ayurvedischen Spezialitäten.
Karl-Liebknecht-Straße 112
Tel. 302 90 22, *Di-So 11.30-14.30, 17.30-0.30 Uhr* €€€

(K 2) **Medici** M
Kleines Restaurant auf zwei Ebenen mit Blick auf den Nikolaikirchhof. Exklusive mediterrane Küche und gute Weine.
Nikolaikirchhof 5
Tel. 211 38 78, *Mo-Sa 12-14.30, 18-23 Uhr,* €€€€

(D/E 9) **Mona Lisa** M
Klassische und variantenreiche italienische Küche. Großes Angebot von Antipasti bis Dessert.
Windscheidstraße 21-23
Tel. 303 35 14, *tgl. 12-14.30, 17.30-23 Uhr* €€€

(I 2) **Mr. Moto** M
Sushi-Bar mit langem Tresen und großem Schaufenster zur Straße. Speisen werden vor den Augen der Gäste zubereitet.
Große Fleischergasse 21
Tel. 212 78 98, *Mo-Fr 12-14.30, 16-1 Uhr, Sa und So 12-2 Uhr* €€€

(C 2) **Mückenschlösschen** MM
Viel Holz und schwere Lampen in einladendem Gründerzeit-Speisesaal des Waldschlösschens Rosental. Deftige deutsche Gerichte, dazu Gose.
Waldstraße 86, Tel. 983 20 51
tgl. 11.30-23 Uhr €€

(L 3) **Panorama-Restaurant im City-Hochhaus** M
Restaurant mit Leipzig-Blick aus 135 Meter Höhe. Schnörkellose deutsche Küche. Fensterplätze reservieren.
Augustusplatz 9, Tel. 710 05 90
tgl. 11-24 Uhr €€€

(E 5) **Piagor** MM
Schlicht und spartanisch, doch kulinarische Highlights in kleinem Restaurant. Saisonale Wochen- sowie Tageskarte; gut sortierte Weinauswahl.
Münzgasse 3, Tel. 149 47 78
tgl. 11.30-14.30, 18-24 Uhr €€

(I 4) **Ratskeller** M
Riesiges Gewölbe unter dem Neuen Rathaus; zum rustikalen Ambiente passend Braten, Knödel und heimisches Bier aus Maßkrügen.
Lotterstr. 1, Tel. 123 45 67
tgl. Mo-Sa 11-23, So 11-15 Uhr €€

(I 2) **Sacharow**
Internationale Karte mit russischem Schwerpunkt. Tipp: Pelmeni. Intimer Gastraum; einfach, aber gut.
Barfußgässchen 12
Tel. 211 17 90, *Mo-Sa 11-2, So 10-2 Uhr* €€

(E 5) **Suppa Summarum** M
Tägliches Suppenbuffet mit zehn Suppen von süß bis sächsisch-deftig. Gemütlich.
Münzgasse 16
Tel. 149 49 74
Mo-Sa 11-24, So 16-22 Uhr €

(I 2) **Varadero** M
Showkochen unter den Augen des Gastes; raffinierte kubanische Reisgerichte, wahlweise mit Fleisch oder Fisch. In Leipzigs Flanierstraße gelegen.
Barfußgässchen 8
Tel. 960 09 26
tgl. ab 11.30 Uhr €€€€

(I 1) **Villers** M
Topgastronomie im Hotel Fürs-tenhof für erinnernswerte Abende: kulinarische Kompositionen vom Feinsten, ausgesuchte internationale Weine, perfekter Service.
Tröndlinring 8
Tel. 14 00
tgl. 18-23 Uhr €€€

Cucina Italiana im Restaurant Mona Lisa vor passendem Gemälde

(E 6) **Senor Chico** M
Karibisches Flair in einem kleinen bambusverkleidetem Raum. Exotische Gerichte, zum Beispiel Bohnen mit Huhn; kubanische Musik, gute Cocktails.
Karl-Liebknecht-Str. 38
tgl. ab 15 Uhr €€

(L 3) **Stadtpfeiffer** MM
Gourmet-Tempel mit Michelin-Stern und edlem Interieur im Gewandhaus für besondere Abende. Geniesser-Menüs aus exquisiten Fisch- und Fleischspezialitäten, kunstfertig und ungekünstelt zubereitet.
Augustusplatz 8
Tel. 217 89 20
Di-Fr 12-14, 18-24 Uhr, Sa ab 18 Uhr €€€€

(I 2) **Weinstock**
Zurückhaltend edles Restaurant am Markt mit saisonal abgestimmter Speisekarte; große Weinauswahl; Freisitz mit Blick auf das Alte Rathaus. Gutes Preis-Leistungs-Verhältnis.
Markt 7, Tel. 14 06 06 06
tgl. 11-1 Uhr €€

(I 2) **Zum Arabischen Coffe Baum**
Traditionsreiches Leipziger Gasthaus. Seit 1694 Treff der Leipziger Kulturprominenz, 1828-1844 war Robert Schumann Stammgast; Deftiges nach sächsischen Rezepten.
Kleine Fleischergasse 4
Tel. 961 00 60
tgl. 11-24 Uhr €€

MERIAN | TIPP

(A 6) **Stelzenhaus**
Im industriellen, kulinarisch wenig erschlossenen Plagwitz romantisch über dem Karl-Heine-Kanal gelegen. Edles Interieur vor Sichtbeton-Wänden. Kreative, einfallsreiche Küche, dazu gute Weine.
Weißenfelser Straße 65
Tel. 492 44 45, *Mo-Fr ab 10, So ab 9 Uhr* €€€

Die Gose

Die Leipziger Gose ist ein trübes obergäriges Bier. Ihren besonderen Geschmack bezieht sie aus einer Mischung aus Kochsalz, Koriander und einem hohen Anteil an biologischer Milchsäure. Bereits 1332 wird das ursprünglich aus dem Harz stammende Getränk das erste Mal in Schriftstücken erwähnt und gehört damit zu den ältesten Biersorten der Welt. Schon damals sagten die Bierbrauer der Gose eine potenzfördernde Wirkung nach. Sirup und Kümmellikör bereicherten ihren Geschmack. Noch um 1900 war sie auf Volksfesten in Leipzig das beliebteste Getränk, geriet aber im Laufe der Zeit in Vergessenheit. Seit den achtziger Jahren des 20. Jahrhunderts erlebt die Gose in Leipzig eine Renaissance. Ihr Geschmack wird heute – wie z. B. Berliner Weiße – auch mit Kirschlikör oder Curacao aufgepeppt. Echte Liebhaber trinken sie jedoch pur. Einige Leipziger Wirtshäuser („Ohne Bedenken“, „Bayerischer Bahnhof“) bieten Gose wieder an; sie entspricht zwar nicht dem Reinheitsgebot, schmeckt aber.

>> Die Planquadrate der Adressen beziehen sich auf die große MERIAN-Karte auf Seite 139-141

MERIAN | TIPP

(A 5) **Bimbo Town**
Fahrende Sofas und Anzüge, die nach den Besuchern greifen: Das ist die bewegte Welt von Bimbo Town. In der alten Baumwollspinnerei lässt der britische Künstler Jim Whiting die Puppen und Besucher zu einem riesigen skurrilen Jahrmarkt tanzen, der Happening und Subkultur-Event zugleich ist. Bands, DJs und Comedy liefern den Soundtrack für Besucher, die in Betten durch die Halle fahren oder nackt in Badewannen planschen. Jim Whiting, Herr über dieses Gesamtkunstwerk, startete 1984 als Ausstatter des Musikvideos „Rock it" von Herbie Hancock, wo er Kleidungsstücke durchs Bild fliegen ließ. Seither hat er seine beweglichen Installationen weiter verfeinert; in Leipzig fand Whiting die Neugier und Offenheit für sein Kunst-Chamäleon.
Bimbo Town, Aktionskunst e.V.
Spinnereistraße 7
Tel. 391 42 87
www.bimbotown.net
Termine nach Ankündigung

Gmiedlischgeit

„Leipziger Freiheit", heißt der städtische Werbeslogan. Diese Freiheit nehmen sich auch die Leipziger Wirte heraus. Keine Sperrstunde entscheidet darüber, wann der Spaß aufhört. Viele Kneipen und Bars schließen dann, wenn die letzten Nachtschwärmer gehen. Das gilt auch für die vielen Freisitze und Biergärten, das haucht der Stadt vor allem in den Sommermonaten mediterranes Flair ein. Tausende sitzen dann in lauen Nächten in den Gassen und Straßen, lassen sich treiben und zelebrieren die moderne Form der vielzitierten Sächs'schen Gmiedlischgeit.

Sobald der Abend kommt, wird in der Luise kein Platz mehr frei sein

BARS UND KNEIPEN

(H 2) **Barcelona**
Szene-Hochburg, in der Leipzigs Nachtgestalten zum Sehen und Gesehen werden vorbeischauen. Langer Tresen, um bei Tapas und einigen Gläsern die Zeit zu vergessen.
Gottschedstr. 12, Tel. 212 61 28
Mo-Sa ab 18 Uhr, So ab 10 Uhr

(K 2) **Bounce 87**
Lauter Tanzkeller für Freunde von Black Music. Leicht bekleidete Tänzer, aufgeheizte Luft.
Nikolaistraße 12-14
Tel. 149 66 88, *Fr-Sa ab 23 Uhr*

(E 7) **Cortex**
Kleiner Club mit elektronischer Musik. Retro-Möbel aus Kunststoff für Besucher, die zum Ausruhen *chillen* sagen.
Körnerstraße 45
Tel. 225 53 10, *tgl. ab 18 Uhr*

(F 7) **Distillery**
Subkultur-Club in einem alten Fabrikgebäude. Die DJs spielen u. a. Techno- und House.
Kurt-Eisner-Straße 108a
Tel. 35 59 74 00, *div. Veranstaltungen, Fr. und Sa. ab 23 Uhr*

(E 5) **Eckstein**
Nette Kneipe dekoriert mit Fotos internationaler Literaten. Kleine Speisen, stimmige Preise.
Münzgasse 28, Tel. 961 10 24

(E 7) **Farbrausch**
Moderne In-Bar mit orangefarbenen Designermobiliar und greller Lichtorgel, junges Publikum und House-Musik.
Kochstraße 1, Tel. 225 76 71
Mo-Fr ab 9, Sa-So ab 10 Uhr

(E 7) **Felis**
Café, Bar und gemütliches Restaurant in einem; geschmackvolle Holzmöblierung vor dunkelroten Wänden – eine feine Adresse in der Südvorstadt.
Karl-Liebknecht-Str. 63
Tel. 225 35 36, *tgl. ab 17 Uhr*

(E 5/6) **Flower Power**
Hier lümmeln Banker, Biker und alle, die nach langer Nacht noch nicht nach Hause wollen. Dazu verspricht Neil Young, dass der Rock 'n Roll nie sterben wird, und die Bedienung am Tresen, dass das Bier weiter fließen wird.
Riemannstr. 42, Tel. 961 34 41
tgl. ab 14 Uhr

(E 6) **Havana**
Kuba in Leipzig: Interieur, als ginge es zu einer Strand-Party. Häufige Salsa-Abende.
Karl-Liebknecht-Straße 10
Tel. 0177 668 30 49
Di-Do ab 18, Fr-Sa ab 20 Uhr

(E 9) **Ilses Erika**
Bar und Tanzkeller mit gemütlicher Wohnzimmer-Atmosphäre im einstigen Kohlenkeller im heutigen Haus der Demokratie. Ambitioniertes Programm; lokale und internationale Bands (siehe auch S. 28-30 und S. 110-119).
Bernhard-Göring-Straße 152
Tel. 3065111 *div. Veranstaltungen, Fr u. Sa. ab ca. 22 Uhr*

(K 3) **Leipzigbar**
Leipzig spielt Berlin. Designer-Sessel, kühle elegante Atmosphäre. Große Cocktailauswahl.
Neumarkt 27, Tel. 225 57 14
Mo-Sa ab 11, So ab 14 Uhr

(I 3) **Luccabar**
Italienische Bar, hell und freundlich, mit gemütlichen Nischen, um für sich zu sein.
Ratsfreischulstraße 10
Tel. 225 56 77, *Mo-Do 8-1 Uhr, Fr 8-2 Uhr, Sa 18-2 Uhr*

(H 2) **Luise**
Angenehme Kneipenatmosphäre: Stehtische und Sitzplätze in großem Saal unter hohen Decken. Guter Milchkaffee, sonntags Brunch.
Bosestr. 4, Tel. 961 14 88
tgl. ab 9 Uhr

(H 2) **Madrigal**
Die Getränkekarte verspricht einen langen Abend; große Spirituosenauswahl an der modernen Bar.
Käthe-Kollwitz-Straße 10
Tel. 224 85 46, *tgl. ab 18 Uhr*

(H 2) **Maga Pon**
Leipzigs Wohn- und Waschküche: Wäsche waschen und Milchkaffee trinken lässt sich hier verbinden. House-Musik.
Gottschedstraße 11
Tel. 0178/802 86 48
tgl. ab 9 Uhr

(I 2/3) **Milchbar**
House-Sound beschallt die jungen Gäste, die in buntes Licht getaucht werden. Getrunken werden passend dazu alle Arten von Milchshakes und farbenfrohe Cocktails.
Gottschedstraße 1
Tel. 268 90 85, *Mo-Sa ab 19 Uhr, So ab 10 Uhr*

(H 2) **Neue Szene**
Schauspieler, Künstler und andere Großstadtnomaden lümmeln am Tresen, trinken Wein, essen die pikanten Snacks.
Gottschedstraße 16
Tel. 980 48 42, *tgl. 18-2 Uhr*

(I 2) **Night Fever**
Musikkeller mit Disco-Klassikern der Siebziger; auch in der Woche wird durchgetanzt; Kickertische in kleinen Räumen.
Gottschedstraße 4
Tel. 149 99 90, *Di-So ab 22 Uhr*

(A 5) **Nora Roman**
Gemütliches Lokal, um Leipziger Kulturluft zu schnuppern – in der Schaubühne Lindenfels (siehe „Sehenswert" ab S. 124) mit entspanntem Publikum.
Karl-Heine-Straße 50
Tel. 484 62 16,
So-Fr 10-1, Sa 14-1 Uhr

(D 5) **Protzendorf**
Treff der Kunst- und Musikstudenten der nahen Kunsthochschulen. Gemütliche Wohnzimmeratmosphäre mit Holzmobiliar; montags Jazz-Session.
Beethovenstraße 17
Tel. 211 69 19, *Mo-Fr ab 9 Uhr, Sa-So ab 10 Uhr*

(E 7) **Puschkin**
Ein Star unter den Kiez-Kneipen der Südvorstadt; Pelmeni und anderes Russisches zur Stärkung; große, wohltemperierte Wodka-Auswahl für den Schluck danach. Das Publikum ist jung und bunt.
Karl-Liebknecht-Straße 74
Tel. 391 01 05, *tgl. ab 9 Uhr*

(H 2) **Sinfonie**
Abgedimmte Beleuchtung und Holztische. Lokal, das zugleich Kneipe, Bar und Restaurant ist und vor allem die junge Szene anzieht.
Gottschedstraße 15
Tel. 980 65 39, *Mo-Fr ab 17 Uhr, Sa-So ab 10 Uhr*

Barbakane in der Moritzbastei

(A 5) **Tangofabrik**
Einer der heißesten Party-Plätze der Stadt. Vielfältiges Programm für Tanzfreunde jeden Alters.
Spinnereistraße 7
Tel. 498 03 30, *div. Veranstaltungen nach Ankündigung*

(E 6) **Volkshaus**
Ein bisschen Kaffeehaus, ein bisschen Kneipe: Gemütlicher, großer Saal – abends im Kerzenlicht. Bestens geeignet für lange Gespräche und tiefe Blicke in die Augen.
Karl-Liebknecht-Straße 32
Tel. 212 72 22, *tgl. ab 10 Uhr*

CAFES

(I 3) **Bachstüb'l**
Der Thomaskantor empfiehlt den Käsekuchen.
Thomaskirchhof 12

(K 3) **Café Barbakane in der Moritzbastei**
Studentencafé in altem Kellergewölbe. Sehr günstig. Tagesgerichte und Snacks (siehe auch „Sehenswert" ab S. 124).
Universitätsstraße 9
Tel. 70 25 90, *Mo-Fr ab 10, Sa ab 12, So ab 9 Uhr*

(I 3) **Café Concerto**
Gediegene Kaffeehaus-Atmosphäre, an der Thomaskirche. Angebote zur süßen Sünde, das auch Bach-Pilger gern annehmen. Freundliche Bedienung.
Thomaskirchhof 13
Tel. 960 47 79, *Mo-Fr 9-21, Sa-So 10-21 Uhr*

(I 3) **Café Kandler**
Kaffeehaus mit großem Kuchenangebot und Holzmobiliar-Schick.
Thomaskirchhof 11
Tel. 2132181, *tgl. 10-20 Uhr*

(E 7) **Grundmann**
Traditionshaus im Art-déco-Stil. Frühstück, Kuchen, Kaffee-Spezialitäten. An der Bar schauen gern Künstler auf einen schnellen Espresso vorbei (siehe auch S. 110-119).
August-Bebel-Straße 2
Tel. 222 89 62, *Mo-Fr 9-1 Uhr, Sa 14-1Uhr, So 10-22 Uhr*

(D 5) **Kowalski**
Außergewöhnlich mit Empore, Sofa, Büchern zum Ausleihen und sonniger Terrasse im Hinterhof. Internationale Speisekarte und Sonntags-Brunch.
Ferdinand-Rhode-Straße 12
Tel. 212 60 20, *tgl. ab 9 Uhr*

(K 2) **Riquet**
Das „wienerischste" aller Leipziger Cafés. Große Torten-Auswahl zu *„n' Scheelchen Heeßen"*, also *Guchen zu Gaffe*.
Schuhmachergässchen 1
Tel. 961 00 00, *Mo-Sa 9-24 Uhr, So 9-22 Uhr*

(I 2) **Telegraph**
Stilsicher eingerichteter, hoher Gastraum mit vielfältigem Frühstück, hervorragender Küche und freundlicher Bedienung.
Dittrichring 18-20
Tel. 149 40 90, *tgl. ab 9 Uhr*

VARIETÉ

Die Zauberbude

Der Krystallpalast pflegt die große Kleinkunst

An Trapezen fliegende Akrobatinnen, sich zu menschlichen Türmen übereinander aufbauende Athleten und lasziv hauchende Chanson-Sängerinnen: Das ist die ungewöhnliche Mixtur in Leipzigs kultureller Wundertüte – und zugleich deren Erfolgsrezept. Die Kleinkunst der wechselnden internationalen Künstler ist hochklassig und in ihrer Mischung selten gewordenes Entertainment: mit Elementen aus Akrobatik und Magie, bester Comedy, Slapstick und Kleinkunstbühne. Conférenciers führen durch die schrillen Themenabende und ziehen den Gast so in eine Traumwelt, die musikalisch mal melancholisch, mal ironisch untermalt wird. Die kleinen Episoden der Darbietungen werden von schwermütigen Volksliedern Russlands ebenso begleitet wie von Hits aus den Goldenen Zwanzigern. Tanz und Musik verwandeln die Abende in abwechslungsreiche Revuen. Der Gast ist in der intimen Spielstätte in der Innenstadt immer nah dran an der Bühne, an kleinen Tischen werden Sekt und ein paar Snacks serviert. Dazu gibt es in den Revues immer wieder Begegnungen mit fast vergessenen Unterhaltungsformen: Pantomime folgt auf Zauberei, Jongleure wechseln sich mit Travestie- und Trapez-Künstlern oder Bauchrednern ab. Vielen der Akrobaten ist in ihren vielseitigen Darbietungen die hohe Schule ihrer Ausbildung in Osteuropa, meist Russland, anzusehen. Der Krystallpalast knüpft mit seinem Namen und der Kunstform an ein historisches Vorbild an: Die Varieté-Bühne gleichen Namens stand einst in der Nähe des Hauptbahnhofs und war ein über Leipzigs Grenzen hinaus bekannter Amüsiertempel mit mehreren Restaurants, der im Zweiten Weltkrieg zerstört wurde. Die neue Spielstätte kultiviert in kleinerem Rahmen einen Charme, wie er in Berlin noch im Friedrichstadtpalast anzutreffen ist: die Sinne werden reichlich bedient und Emotionen geweckt. Das schafft zum Beispiel regelmäßig Olga Lomenko, eine aus der Ukraine stammende Sängerin, die vom Clown über den Vamp bis zur Diva in verschiedenste Rollen schlüpfen kann. Nur von wenigen Bühnen lässt sich sagen, sie könnten verzaubern: Im Krystallpalast gelingt das. (Unterhaltung im Krystallpalast und Essen in Auerbachs Keller für einen Abend im Doppelpack ist unter www.auerbachskeller.de oder Tel. 21 61 00 zu buchen.)

Wenn im Krystallpalast Bein gezeigt wird, dann ist das Kleinkunst

(K 3) Magazingasse 4, Tel. 14 06 60, www.krystallpalast.de
Varieté-Kasse: Mo-Fr 12-20 Uhr, Sa 12-23 Uhr, So 16-18 Uhr

RÜCKBLICK

Leipziger Kulturkampf

Der Verlust der Uni-Kirche schmerzt bis heute

Unsichtbare Schatten einer gesprengten Kirche verdunkelten über Monate die öffentliche Diskussion in Leipzig. Einigkeit herrscht in dem Streit lediglich darüber, dass die Sprengung der **Paulinerkirche**, der Leipziger Universitätskirche, durch die SED im **Mai 1968** eine kulturelle Schandtat war. Zwei Tonnen Nitroglyzerin sprengten an jenem 30. Mai die spätgotische Hallenkirche und ihre 728-jährige Geschichte in die Luft. Heute steht an deren Stelle ein hässlicher Betonbau der Universität. Zwei Lager streiten darüber, was die Sünden der Vergangenheit für die Zukunft bedeuten. Der Paulinerverein kämpft öffentlich für den **Wiederaufbau** der Kirche. Sie sei mindestens ebenso bedeutsam wie die Dresdner Frauenkirche, sagen die Unterstützer. Und immer wieder auch: Man dürfe Ulbricht nicht den Sieg überlassen. Dagegen stehen die politische Führung Leipzigs, die Universitätsleitung und auch die Mehrheit der Leipziger. Sie argumentieren, dass vergangenes Unrecht nicht einfach rückgängig gemacht werden könne. Wie so häufig in der öffentlichen Diskussion in Leipzig geht es auch im Streit um die Paulinerkirche ums Ganze. Extra-Ausgaben von Stadtmagazinen, Demonstrationen und Rücktritte sind die Waffen der Kontrahenten. Die scharfen Attacken auf den jeweils Andersdenkenden wurden bundesweit als Leipziger „Kulturkampf" von den Medien übertragen. Der Vorsitzende des **Paulinervereins**, Günter Blobel, der mit seinem Nobelpreis für Medizin zuvor den Aufbau der Dresdner Frauenkirche unterstützte, scharte 26 weitere Nobelpreisträger um sich und fand in Sachsens Wissenschaftsminister Matthias Rößler (CDU) einen politischen Unterstützer. Einen Kabinettsbeschluss, der einen Wiederaufbau im Zuge der Neugestaltung der Universität ermöglichte, konterte der Leipziger Uni-Rektor Volker Bigl mit seinem Rücktritt. Die Befürworter des Wiederaufbaus warfen den Gegnern fortan die Zementierung des SED-Unrechts vor. Die Gegner aus Leipzig sahen hingegen die bürgerliche Selbstbestimmung der Stadt durch einen administrativen Akt aus Dresden bedroht. Jetzt sieht es so aus, als könne es einen Kompromiss geben. Eine realistische Vision entwirft ein für alle Seiten akzeptables Szenario: Zum 600-jährigen Jubiläum der Universität im **Jahr 2009** soll an der Stelle der Paulinerkirche eine neue Aula entstehen. Ein Ort zur Andacht soll darin integriert werden. Und die Fassade wird auf die alte Kirche Bezug nehmen, die – egal, wie letztlich entschieden wird – für immer verloren ist und nur in den Erinnerungen der Leipziger weiter existiert.

Am 30. Mai 1968 wurde die Universitätskirche gesprengt

7.-9. Jahrhundert Nahe des Zusammenflusses von Elster und Parthe entsteht das Slawendorf Lipsk, „Ort der Linden".
Um 1165 Markgraf Otto der Reiche verleiht dem Ort das Markt- und Stadtrecht.
1212 Gründung des Augustiner-Chorherrenstifts St. Thomas.
1933 Der Reichstagsbrandprozess vor dem Reichsgericht festigt die Macht der Nazis.
9. November 1938 Die Pogromnacht leitet auch für die große jüdische Gemeinde in Leipzig eine noch radikalere Verfolgung ein. Tausende werden deportiert und ermordet.

Im Reichstagsbrandprozess werden Georgi Dimitroff und Marinus van der Lubbe angeklagt, Hermann Göring tritt als Zeuge auf

1409 Die „Alma mater Lipsiensis", die Leipziger Universität, wird gegründet.
1497 Kaiser Maximilian I. verleiht Leipzig das Messeprivileg; im Umkreis von 110 km darf nur Leipzig eine Messe abhalten.
1555-56 Der renommierte Baumeister Hieronymus Lotter baut mit der Alten Waage und dem Rathaus zwei charakteristische Leipziger Gebäude, die bis heute den Markt prägen.
1723-50 Johann Sebastian Bach ist Stadtmusikdirektor und Thomaskantor in Leipzig.
1765-68 Johann Wolfgang Goethe studiert in der Stadt.
1825 Der Börsenverein der Deutschen Buchhändler zu Leipzig wird gegründet.
1835-1847 Felix Mendelssohn Bartholdy ist Kapellmeister am Leipziger Gewandhaus.
1868 Eröffnung des Neuen Theaters am Augustusplatz.
1878 Der Zoologische Garten wird von Ernst Pinkert eröffnet.
Ab 1895 Die Mustermesse ersetzt die Warenmesse. In den folgenden Jahrzehnten entstehen die Messehäuser in der City.
1895 Das Reichsgericht (heute Bundesverwaltungsgericht) wird eingeweiht.
1902-1915 Bau des Hauptbahnhofs, bis heute Europas größter Kopfbahnhof.
1912 Gründung der Universalbibliothek „Deutsche Bücherei"
1924 Der Sender Leipzig des Mitteldeutschen Rundfunks geht auf Sendung.
4. Dezember 1943 Ein schwerer alliierter Luftangriff richtet große Zerstörungen an.
18. April 1945 Amerikanische Truppen besetzen die Stadt.
2. Juli 1945 Nach den Beschlüssen von Jalta übernehmen die Sowjets die Besatzungshoheit über Leipzig.
1946 Die Universität wird wieder eröffnet, die erste Messe nach dem Krieg abgehalten.
1960 Eröffnung der Oper anstelle des im Zweiten Weltkrieg zerstörten Neuen Theaters.
1968 Die spätgotische Paulinerkirche wird gesprengt. Auf ihren Trümmern entsteht die neue Karl-Marx-Universität.
1981 Einweihung des Neuen Gewandhauses.
1989 Die Friedensgebete in der Nikolaikirche und die anschließenden Montagsdemonstrationen sind die Initialzündung für die friedliche Revolution in Leipzig und der DDR.
9. Oktober 1989 70 000 Menschen demonstrieren nach dem Montagsgebet friedlich auf dem Leipziger Ring. Der Befehl zum Einsatz für die hochgerüstete Staatsmacht bleibt aus.
1996 Die Eröffnung der Neuen Messe vor den Stadttoren findet bundesweit Beachtung.
1997 Der aufwändig umgebaute Hauptbahnhof mit den neuen Shopping-Promenaden wird eröffnet.
2003 Leipzig wird deutsche Bewerberstadt um die Olympischen Sommerspiele 2012.

MERIAN-Stadtplan
LEIPZIG
Zentrum-Nord
Zentrum
Ost-vorstadt
Altlindenau
Wald-straßen-viertel
Rosental
Blindenpark
Friedenseiche
Zoologischer Garten
Stadtbad
Schützenhof
Motodrom
Tennisanlagen
Sporthalle
Sportmuseum
Zentralstadion
Sportforum
Schwimmstadion, Freibad
Hockey-stadion
Festwiese
ARENA Leipzig
Waldplatz
Kulturwerkstatt
Amtsgericht
Handelshochschule
Universität
Deutsches Kleingärtnermuseum
Alumnat
Thomasschule
Haus Leipzig
Klinik
Jüd. Gem.
L-Hauptbahnhof
Ausschnitt siehe Nebenkarte
Gewerbegebiet Petzscher Markt
Hotel Sachsenstern, Prodomo Hotel Leipzig, Achat Hotel Messe Leipzig, Hotel Am St. Georg
Hotel, Hotel Papilio
Accento, Hotel Pension Abtnaundorfer Park
City Partner Suite Hotel, Ramada-Treff Hotel
Kamera- und Fotomuseum, Haus Spangenberg
Balance Hotel, Hotel Berlin
Lindner Hotel, Breitenfelder Hof, Hotel Laval, Hotel Astral
Hotel Merseburger Hof
Am Kanal, Bimbo Town, Tangofabrik
Romanushaus
Schauspielhaus
Altes Rathaus
Nikolaikirche
Opernhaus
Thomaskirche
Universität
Neues Gewandhaus
Moritzbastei
Burgplatz
Neues Rathaus
Literaturinst.
Gericht
Galerie für Zeitgen. Kunst
HGB
Bundesverwaltungsgericht
Biblioteca Albertina
Sporthalle
Grassimus.
Alter Johannisfriedhof
Johannisplatz
Kulturhaus
Schumannhaus
Großer Brockhaus
Musik. Komödie
Theater der jungen Welt, Lofft
Schaubühne
Zeignerhaus
Univ. Leipzig Erziehungswiss. Fakultät
Bibliothek
Johannapark
Clara-
Elsterbecken
Kleine Luppe
Parthe
Elstermühlgraben
Schwanenteich
Hans-Driesch-Str.
Leutzscher Allee
Friedrich-Ebert-Str.
Jahnallee
Gustav-Adolf-Str.
Zöllnerweg
Emil-Fuchs-Str.
Uferstr.
Gerberstr.
Eutritzscher Str.
Delitzscher Str.
Pfaffendorfer Str.
Berliner Str.
Rackwitzer Str.
Wittenberger Str.
Brandenburger Str.
Eisenbahnstr.
Ludwig-Erhard-Str.
Tröndlinring
Willy-Brandt-Platz
Georgiring
Grimmaischer Steinweg
Dresdner Str.
Prager Str.
Gerichtsweg
Roßplatz
Dittrichring
Harkortstr.
Peterssteinweg
Windmühlenstr.
Grünewaldstr.
Karl-Tauchnitz-Str.
Käthe-Kollwitz-Str.
Marschnerstr.
Karl-Heine-Str.
Erich-Zeigner-Allee
Lützner Str.
Cottaweg
Waldstr.
Roscherstr.
Gohliser Str.
Kickerlingsberg
Querstr.
Universitätsstr.

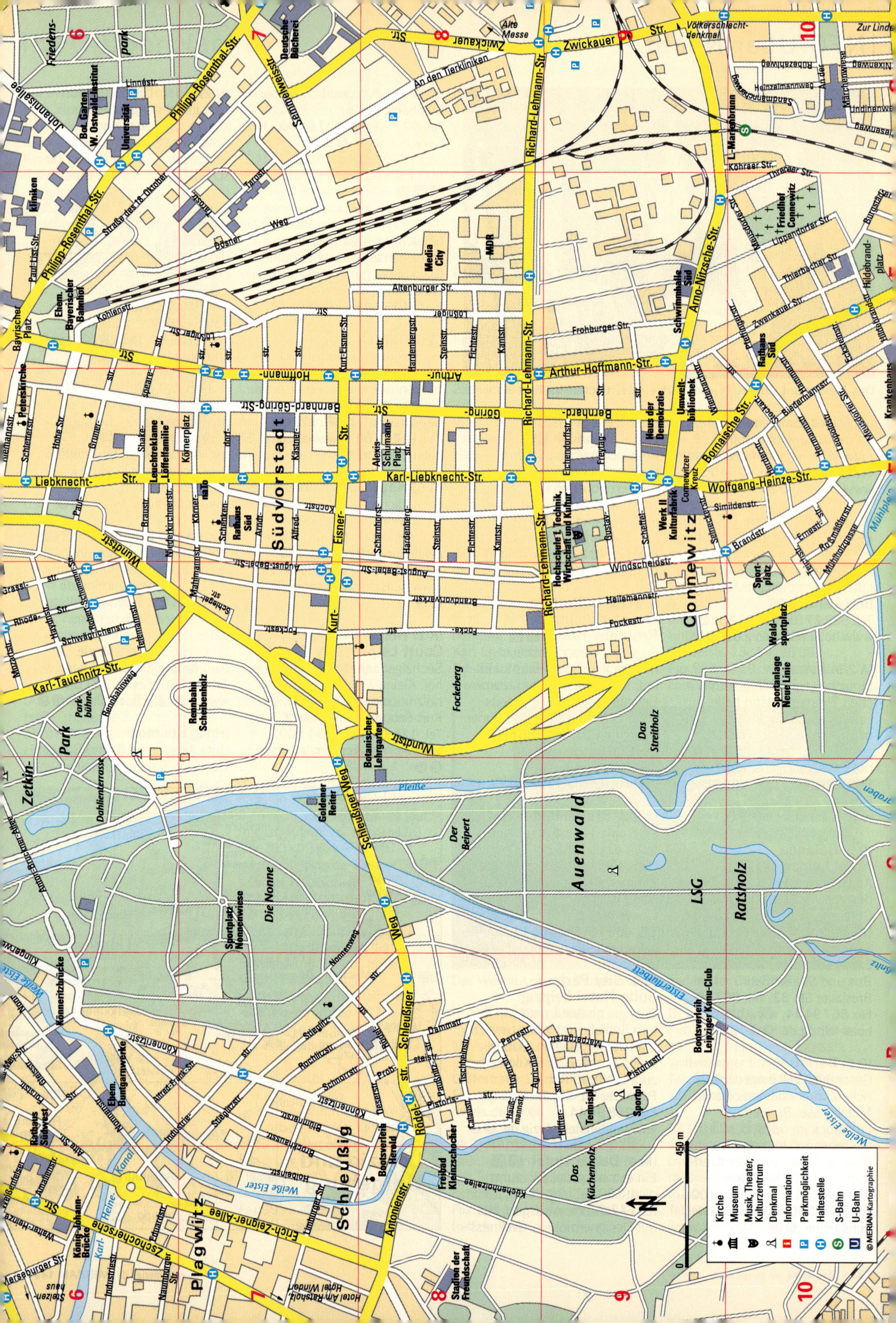

6
7
8
9
10
Friedens-
park
Johannisallee
Bot. Garten
W. Ostwald-Institut
Universität
Linnéstr.
Philipp-Rosenthal-Str.
Deutsche Bücherei
Semmelweisstr.
Zwickauer Str.
Alte Messe
Völkerschlacht-denkmal
Zur Linde
An den Tierkliniken
Richard-Lehmann-Str.
Kliniken
Straße des 18. Oktober
Tarostr.
Kohlenstr.
Bayrischer Platz
Ehem. Bayerischer Bahnhof
Media City
MDR
Altenburger Str.
L.-Marienbrunn
Köhraer Str.
Friedhof Connewitz
Lippendorfer Str.
Arno-Nitzsche-Str.
Schwimmhalle Süd
Frohburger Str.
Arthur-Hoffmann-Str.
Bernhard-Göring-Str.
Rathaus Süd
Hildebrandplatz
Zwenkauer Str.
Thierbacher Str.
Südvorstadt
Peterskirche
Leuchtreklame „Löffelfamilie"
Körnerplatz
Alexis-Schumann-Platz
Karl-Liebknecht-Str.
Haus der Demokratie
Umweltbibliothek
Bornaische Str.
Connewitzer Kreuz
Wolfgang-Heinze-Str.
naTo
Hochschule f. Technik, Wirtschaft und Kultur
Werk II Kulturfabrik
Connewitz
Simildenstr.
Brandstr.
Kurt-Eisner-Str.
August-Bebel-Str.
Windscheidstr.
Wundtstr.
Brandvorwerkstr.
Fockestr.
Sportplatz
Waldsportplatz
Sportanlage Neue Linie
Karl-Tauchnitz-Str.
Rennbahn Scheibenholz
Fockeberg
Botanischer Lehrgarten
Das Streitholz
Parkbühne
Park
Zetkin-
Dahlienterrasse
Goldener Reiter
Schleußiger Weg
Pleiße
Der Beipert
Auenwald
LSG
Ratsholz
Die Nonne
Sportplatz Nonnenwiese
Nonnenweg
Elsterflutbett
Bootsverein Leipziger Kanu-Club
Könneritzbrücke
Ehem. Buntgarnwerke
Könneritzstr.
Rathaus Südwest
Weiße Elster
Karl-Heine-Kanal
Schleußig
Bootsverein Herold
Rödelstr.
Antonienstr.
Freibad Kleinzschocher
Das Küchenholz
Tennispl.
Sportpl.
Erich-Zeigner-Allee
Zschochersche Str.
König-Johann-Brücke
Plagwitz
Stadion der Freundschaft
Hotel Am Ratsholz, Hotel Windorf
Merseburger Str.
450 m
Kirche
Museum
Musik, Theater, Kulturzentrum
Denkmal
Information
Parkmöglichkeit
Haltestelle
S-Bahn
U-Bahn
©MERIAN-Kartographie

Sehenswert

Altes Rathaus	I/K 2
Auerbachs Keller	I/K 3
Barthels Hof	I 2
Biblioteca Albertina (Universitätsbibliothek)	D/E 5
Denkmal der Synagoge	H 2
Deutsche Bücherei	G 7
Galerie für Zeitgenössische Kunst	D 5
Gohliser Schlösschen	D 1
Hansahaus	K 2
Hauptbahnhof	L 1
Mädler-Passage	K 3
Messehof	K 3
Moritzbastei	K/L 3
Neues Rathaus	I 4
Nikolaikirche	K 2
Specks Hof	K 2
Stadtbibliothek	I/K 4
Städtisches Kaufhaus	K 3
Thomaskirche	I 3
Völkerschlachtdenkmal	G 9

Straßen und Plätze

Augustusplatz	L 3
Barfußgäßchen	I 2
Karl-Liebknecht-Straße	E 5-9
Markt	I 2

Museen

Ägyptisches Museum	I 3
Bach-Museum	I 3
Deutsches Kleingärtner-Museum	C 4
Mendelssohn-Haus	L 4
Museum der Bildenden Künste	K 2
Museum in der Runden Ecke	H/I 2
Naturkundemuseum	I 1
Schiller-Haus	D 1
Schumann-Haus	G 4
Sportmuseum	B/C 3
Zeigner-Haus	A 5
Zeitgeschichtliches Forum	K 2/3

Musik und Theater

Gewandhaus	L 3
Krystallpalast	K 3
Neue Szene	H 2
Opernhaus	L 2
Schaubühne	A 5
Schauspielhaus	H/I 2
Theater der jungen Welt	A 4

Parks und Gärten

Clara-Zetkin-Park	B 4-D 6
Fockeberg	D 8
Friedenspark	G 6
Rosental	B/C 1/2
Zoologischer Garten	D/E 2

MIT KINDERN UNTERWEGS

Ins Schloss oder zu den Elchen

Vergnügliche Entdeckungen in und um Leipzig für die ganze Familie

Kind darf König sein im Schloss Belantis

(b 2) **Belantis, Vergnügungspark Leipzig**
Der erste Park dieser Art in Ostdeutschland führt durch märchenhafte Themenwelten wie das Tal der Pharaonen mit seiner weit hin sichtbaren Pyramide, an die Küste der Entdecker, den Strand der Götter oder auf die Insel der Ritter. Dazu gehören tolle Attraktionen wie eine Wildwasser-Fahrt, eine Achterbahn und die riesige Schiffschaukel „Santa Maria“ mit Ausguck und Segel. Darsteller in schönen Kostümen verstärken mit kleinen Show-Einlagen die Illusion einer Reise in eine andere Welt – vielleicht ins Schloss Belantis mit dem großem Ballsaal oder ein mittelalterliches Städtchen mit Fachwerkhäusern und Buckelpflaster.
Zur Weißen Mark 1 (südlich des Cospudener Sees), Tel. 910 30, www.belantis.de
Mi-So 10-18 Uhr, während der Ferien tgl. 10-18 Uhr, Tageskarte Erw. 17 €, Kinder 15 €, bis 1,45 Meter 13 €, unter 1 Meter kostenlos

(I 1) **Naturkundemuseum**
In der Dauerausstellung werden auf 800 Quadratmetern die Epochen der Erdgeschichte veranschaulicht. Beliebt bei Kindern sind die naturgetreuen Nachbildungen von Tieren. Wechselausstellungen – wie etwa die „Welt der Spinnen“ – beschäftigen sich mit Spezialthemen der Tier- und Pflanzenwelt.
Lortzingstraße 3, Tel. 98 22 10, *Di-Do 9-18 Uhr, Fr 9-13 Uhr, Sa-So 10-16 Uhr Erw. 2 €, Erm. ab 1 €*

(M 4) **Puppentheater Sterntaler**
Klassiker der Märchen mehr oder weniger frei nach den Brüdern Grimm: Der Wolf jagt die sieben Geißlein. Der Kasper ärgert die liebe Großmutter, Hänsel beschützt Gretel, Hans findet und verschleudert das Glück. Beste Unterhaltung für die ganz Kleinen und die jung gebliebenen Großen.
Talstraße 30, Tel. 961 54 35 Programm unter: www.blaueskreuzleipzig.de/sterntaler/

(b 2) **Wildpark**
Im Auenwald gibt es Gehege für Tiere, die in freier Natur sonst selten zu beobachten sind. Wildschweine suhlen sich im Schlamm, ein Fuchs dreht seine Runden. Seltener zu sehen an den armdicken Zäunen sind die scheuen Elche mit ihren gewaltigen Schaufeln. In zwei Stunden hat man den Wildpark gemütlich erwandert. Der Auenwald ist auch ein wunderbares Radwandergebiet.
Anfahrt: stadtauswärts Richtung Markkleeberg bis Parkplatz Wildpark

(D/E 2) **Zoologischer Garten**
Im Leipziger Zoo, er ist fast 130 Jahre alt und liegt innenstadtnah – leben auf 23 Hektar ungefähr 1400 Tiere, zudem tausende Fische und Wirbellose. Zur Zeit wird der Tiergarten mit großem Aufwand zum „Zoo der Zukunft“ um- und ausgebaut. Schon heute ist er um viele Attraktionen reicher: um die neue Menschenaffenanlage zum Beispiel, in der Gorillas, Schimpansen, Bonobos und Orang-Utans fast wie in freier Wildbahn leben, und um die neue Löwen-Savanne, die Tiger-Taiga oder die Lippenbären-Schlucht (siehe auch S. 100-106).
Pfaffendorfer Str. 29, Tel. 593 35 00, Fax 593 33 03,
Jan-März 9-17, Apr. 9-18, Mai-Sept 9-19, Okt. 9-18 , Nov-Dez 9-17 Uhr, Erw 10 €, Kinder vo 4-14 Jahren 6 €

Direktor Jörg Junhold steht für den „Zoo der Zukunft“

(G 1) **Accento** M
Nahe der A 14 sechs Kilometer von der City entfernt gelegenes Haus mit exklusiven Designermöbeln in schönen Zimmern. Kostenloser Fahrradverleih.
Tauchaer Straße 260
Tel. 926 20, Fax 926 21 00
www.accento-hotel.de €€

(F 1) **Achat Hotel Messe Leipzig**
Solides Hotel in Messenähe mit den Zimmerkategorien Economy, Business und Comfort. Internetzugang auf allen Zimmern.
Salzhandelsstraße 2
Tel. 524 60, Fax 524 69 99
www.achat-hotel.de €€

(M 4) **Adagio** M
Mit Stilempfinden renovierter Gründerzeitbau von 1882 mit individuell gestalteten Zimmern. 500 Meter von der City entfernt, dennoch ruhig. Im Angebot: Stadtrundfahrten.
Seeburgstraße 96
Tel. 21 66 99, Fax 960 30 78
www.hotel-adagio.de €€

(E 10) **Alt-Connewitz Flair Hotel**
In ruhiger Lage, familiär geführt. Einfache, aber geräumige Zimmer mit viel Holz. Kleine Sauna im Keller. Rustikal eingerichtetes Restaurant.
Meusdorfer Straße 47a
Tel. 301 37 70, Fax 301 38 00
www.alt-connewitz.de €€

(F 6) **Am Bayrischen Platz** MM
Das solide renovierte Hotel eröffnete 1869. Karl Marx stieg hier schon ab. Die Zimmer mit Stuckdecken sind klein, modern eingerichtet, gemütlich; die Aufenthaltsräume mit Antiquitäten möbliert.
Paul-List-Straße 5
Tel. 14 08 60, Fax 140 86 48
€€

(B 5) **Am Palmengarten**
Kleines Haus mit schöner, rotweißer Fassade. Gepflegte, aber einfache Einrichtung. Alle Zimmer mit Dusche; manche zur lauten Karl-Heine-Straße gelegen.
Karl-Heine-Str. 21
Tel. 486 30 11, Fax 486 30 21
www.hotel-am-palmengarten.com €€

(A 7) **Am Ratsholz** MM
Großzügige Zimmer, einige mit Balkon und Küchenzeile. Es gibt auch Suiten mit Wohn-

MERIAN

Heft 4/2004, April, Erstverkaufstag dieser Ausgabe ist der 25. 03. 2004

MERIAN erscheint monatlich im Jahreszeiten Verlag GmbH, Poßmoorweg 5, 22301 Hamburg
Tel. 040/27 17-0, Fax 040/27 17-20 56 **Anschrift der Redaktion:** Harvestehuder Weg 42, 20149 Hamburg
Postfach 130444, 20139 Hamburg, E-Mail: Redaktion@Merian.de, Tel. 040/441 88-231, 441 88-240
Fax 040/441 88-310 **Website:** www.merian.de **Leserservice:** Postfach 601220, 22212 Hamburg
Tel. 040/87 97 35 40, Fax 040/27 17 - 20 79

Herausgeber: Manfred Bissinger
Chefredakteur: Andreas Hallaschka
Art Directorin: Sabine Lehmann **Chef vom Dienst:** Tibor M. Ridegh **Redakteure:** Kathrin Sander
Charlotte von Saurma, Thomas Gebhardt (freie Mitarbeit), Thorsten Kolle (freie Mitarbeit)
Redakteur dieses Heftes: Thomas Gebhardt **Schlussredaktion:** Tibor M. Ridegh, Jasmin Wolf (stv.)
Layout: Cornelia Böhling, Beke Jürgensen, Ingrid Koltermann, Dorothee Schweizer (stellv. Art-Direktorin)
Bildredaktion: Hanni Rapp, Michael Kleehaupt (freie Mitarbeit), Eva M. Ohms, Silke Bodenberger (freie Mitarbeit)
Bildredakteurin dieses Heftes: Hanni Rapp **Kartographie:** Peter Münch
Dokumentation: Jasmin Wolf, Claudia Schmidt (freie Mitarbeit), Andrea Wolf (freie Mitarbeit)
Mitarbeit: Dagny Eggert, Helmut Golinger, Meike Hampel, Anne Kathrin Reiter
Herstellung: Karin Harder **Redaktionsassistenz:** Sabine Birnbach, Katrin Eggers, Sabine Richter (freie Mitarbeit)
Geschäftsführung Premium Magazine: Peter Rensmann
Gesamt-Anzeigenleitung: Roberto Sprengel **Anzeigenleitung:** Christel Janßen
Anzeigenstruktur: Patricia Hoffnauer **Marketing:** Kenny Machaczek, Ulrich Rieger, Sonja Wünkhaus
Vertriebsleitung: Jörg-Michael Westerkamp (Zeitschriftenhandel), Thilo Heller (Buchhandel)
Verantwortlich für den redaktionellen Inhalt: Andreas Hallaschka
Verantwortlich für Anzeigen: Roberto Sprengel

Verlagsbüros Inland:

Hamburg: Tel. 040/27 17-25 95, Fax -2520, E-Mail: vb-hamburg@jalag.de
Berlin: Tel. 030/80 96 23-60, Fax -70, E-Mail: vb-berlin@jalag.de
Hannover: Tel. 0511/85 61 42-0, Fax -19, E-Mail: vb-hannover@jalag.de
Düsseldorf: Tel. 0211/901 90-0, Fax -19, E-Mail: vb-duesseldorf@jalag.de
Frankfurt: Tel. 069/97 06 11-0, Fax -44, E-Mail: vb-frankfurt@jalag.de
Stuttgart: Tel. 0711/966 66-520, Fax -22, E-Mail: vb-stuttgart@jalag.de
München: Tel. 089/99 73 89-30, Fax -44, E-Mail: vb-muenchen@jalag.de

Repräsentanzen Ausland:

Basel: Intermag AG, Tel. +4161/275 46-09, Fax -10, E-Mail: info@intermag.ch
Brüssel: Publicitas Media, Tel. +322/639 84-29, Fax -40, E-Mail: ibellis@publicitas.com
Danderyd: Annonsbolaget JB Media AB, Tel. +46/8753 96 04, Fax 708753240, E-Mail: anette@annonsbolaget.se
Frederiksberg: Jungersted & Brostrøm, Tel. +45/33 22-20 20, Fax -9959, E-Mail: gitte.schuler@jbmedia.dk
London: The Powers Turner Group, Tel. +44 20/7630 99 66 Fax 76 30 99 22, E-Mail: cweiss@publicitas.com
Mailand: Media & Service International Srl, Tel. +39 02/48 00 61 93, Fax 48 19 32 74, E-Mail: info@it-mediaservice.com
Paris: International Magazine Company, Tel. +331/53 64 88 91, Fax 45 00 25 81, E-Mail: imc@international.fr
Madrid: AMB Publicidad y Marketing, S.L., Tel. +34 91/300-54 54, Fax -5181, E-Mail: ambp@retemail.es
Wien: Verlagsbüro Kepreda, Tel. +43 1/87 71 78-2, Fax 877 87 11, E-Mail: 1@kepreda-jahreszeitenverlag.at
New York: The Russell Group Ltd., Tel. +12 12/213 11-55, Fax -60, E-Mail: info@russellgroupltd.com

Die Premium Magazin Gruppe im Jahreszeiten Verlag

Gülige Anzeigenpreisliste: Nr. 37d

Preis im Abonnement im Inland monatlich 6,37€ inklusive Zustellung frei Haus. Der Bezugspreis enthält 7% Mehrwertsteuer. Auslandspreise auf Nachfrage. Postgirokonto Hamburg 132 58 42 01 (BLZ 200 100 20)
Commerzbank AG, Hamburg, Konto-Nr. 611657800 (BLZ 200 400 00)
Führen in Lesemappen nur mit Genehmigung des Verlages. Printed in Germany

Weitere Titel im Jahreszeiten Verlag: Für Sie, petra, vital, PRINZ, A&W Architektur & Wohnen, COUNTRY, DER FEINSCHMECKER, WEINGourmet, schöner reisen, ZuhauseWohnen, SelberMachen
Litho: Alphabeta Druckformdienst GmbH, Hamburg. Druck und Verarbeitung: heckel GmbH, Nürnberg, schlott Gruppe
ISBN: 3-7742-6904-1, ISSN 0026-0029 MERIAN (USPS No. 011-458) is published monthly. The subscription price for the USA is $ 110 per annum. K.O.P.: German Language Publications, Inc., 153 South Dean Street, Englewood NJ 07631. Periodicals postage is paid at Englewood NJ 07631, and at additional mailing offices. Postmaster: send address changes to: MERIAN, German Language Publications, Inc. 153 South Dean Street, Englewood NJ 07631.

JAHRES ZEITEN VERLAG

Ein Unternehmen der
GANSKE VERLAGSGRUPPE

Titel: Mendebrunnen und Cityhochhaus, fotografiert von Marc-Oliver Schulz

Bildnachweis

Anordnung in Layout: o=oben, u=unten, r=rechts, l=links, m=Mitte.

Fotos:Titel: Marc-Oliver Schulz; S. 3 ol Michael Müller, or Sabine Wenzel, m Sabine Schmidt, u Peter Hirth; S. 4, S. 4/5 P. Hirth; S. 5 mr Stefan Hoyer/Punctum, ml Courtesy Galerie Eigen+Art Leipzig,Berlin/VG Bild-Kunst, Berlin, ul S. Wenzel, ur Werner Dieterich/Arco Images; S. 8 o Hans-Christian Schink/Punctum, m Jens Herzog, u P. Hirth/Transit; S. 10 o Arnim Kühne, m Uwe Frauendorf, u H.-Ch. Schink/Punctum; S. 10/11, S. 11 Arnim Kühne; S. 12 o Tom Schulze/Transit, ul Punctum, ur P. Hirth/Transit; S. 14/15 Bertram Kober/Punctum; S. 16/17 Gerhard Westrich/Laif; S. 18/19 P. Hirth/Transit; S. 19 Paul Hahn/Laif; S. 20/21 Peter Mross/FAN; Joerg Glaescher/Laif; S. 22/23 G. Westrich/Laif; S. 24/25 Martin Jehnichen/Laif; S. 26 J. Glaescher/Laif; S. 26/27 Andri Pol; S. 28 P. Hirt; S. 29 A. Pol; S. 30 H.-Ch. Schink/Punctum; S. 32-40 P. Hirth; S. 42/43, S. 44/45, S. 49 Courtesy Galerie EIGEN + ART Leipzig,Berlin/VG Bildkunst; S. 44 or Timm Rautert/Visum, ol C + M Fragasso/Visum; S. 46 Courtesy Galerie EIGEN + ART Leipzig,Berlin; S. 47 Maurice Weiss/Ostkreuz; S. 48 Courtesy Galerie Kleindienst; S. 50 Arno Rink/VG Bild-Kunst; S. 52/53 Courtesy Galerie Liga Berlin; S. 53 Marion Sprenger/Hochschule für Grafik und Buchkunst Leipzig; S. 54 Courtesy Galerie Schwind Frankfurt/VG Bild-Kunst; S. 56-58 Peter Franke/Punctum; S. 59 Arnim Kühne; S. 60 P. Hirth/Transit; S. 61 H + D Zielske/ Laif; S. 62 o St. Hoyer/Punctum, ul Jens Rötzsch/Ostkreuz, ur Rainer Klostermeier/AKG; S. 62/63 W. Dieterich/ Arco Images; S. 63 AP; S. 64 Wolfgang Maria Weber/Inter-Foto; S. 75 von o nach u J. Glaescher/Buchhandlung Tappert, J. Glaescher/Laif, S. Fischer Vlg., Veit Heller S. 76-82 S. Wenzel; S. 85 Ute Mahler; S. 86-92 S. Wenzel; S. 95 P. Hirth; S. 100, S. 101 o, S. 102-106 S. Wenzel, S. 101 u P. Hirth/Transit; S. 109 U. Mahler; S. 110-119 P. Hirth; S. 120 Uwe Schossig/Transit; S. 121 o P. Hirth/Transit, m Volker Renner/Jahreszeiten Verlag; S. 122 M-SAT Planetobserver.com; S. 124 o P. Hahn/Laif, ul St. Hoyer/Punctum, ur G. Westrich/Laif; S. 125 o U. Schossig/Transit, m P. Hirth/Transit, u Archiv Böhme; S. 126 m Hans-P. Szyszk/Punctum, ul P. Hahn/Laif, ur Florian Monheim/Artur; S. 127 P. Mross/FAN; S. 128 o Harald Lange/Okapia, m Brigitte Düsterwald/Förderverein Dt. Kleingärtnermuseum, u P. Hirth/Transit; S. 129 Bernd Blume; S. 130 l Heinrich Völkel/Laif, r Thomas Härtrich/Transit; S. 131 l P. Mross/FAN, r U. Frauendorf; S. 132 o G. Westrich/Laif, u G. Schütze u. S. Schütze-Rodemann/ Bildarchiv Monheim; S. 133 H.P. Szyska/Punctum; S. 134 o U. Mahler/Ostkreuz, m, u St. Feldhoff u. A. Ch. Martin/Visum; S. 135 o G. Westrich/Laif, m P. Hirth/Transit; S. 136 J. Glaescher/ Laif, m A. Pol; S. 137 l B. Kober/ Punctum, r P. Hirth/Transit; S. 138 l Universitätsarchiv, r BPK; S. 142 o Th. Härtrich/Transit, u S. Wenzel; S. 143 P. Hirth/Transit; S. 144 o J. Glaescher/Laif. Faltplan: P. Franke/Punctum **Karten:** S. 41, S. 143 iPublish; S. 95 MERIAN Infografik
Illustrationen: S. 59 Unibibliothek Leipzig; S. 66-74 Jutta Drewes; S. 105 Jürgen Willbarth

Lissabonner Aussichten: Blick über die Baixa mit dem Triumphbogen bis zum Tejo

Die Straßenbahn Nr. 28 ist ein Lissabon-Klassiker. Für MERIAN fährt die Schriftstellerin Lidia Jorge mit

Musik & Seele: Eine Tour durch die ursprünglichsten Fado-Lokale der Stadt

Lissabon

Aus dem Inhalt dieses Heftes:

- Alfama: Der diskrete Charme der Altstadt
- Fussball: Benfica und Sporting – die ewigen Rivalen
- Nightlife: Wo das junge Lissabon die Nacht zum Tage macht
- Strände: Über Estoril und Cascais bis Cabo da Roca
- Sintra und Belém: Ausflüge in Portugals Geschichte
- 30 Jahre nach der Revolution: Wo blühen heut' noch Nelken?

Freuen Sie sich auch auf die nächsten MERIAN-Ausgaben:
Harz, Athen, Masuren, Rom, Hongkong, London

Zuletzt erschienen:

März 2004

Februar 2004

Januar 2004

Dezember 2003

November 2003

Oktober 2003